新 坐禅のすすめ

禅文化研究所編

はじめに

旧刊『坐禅のすすめ』が刊行されたのは、すでに四半世紀以上も以前、禅文化研究所の刊行物の中では極めて初期の頃だった。当時、第一次というのか、いわゆる「禅ブーム」が到来していて、本書に限らず禅に関する本が飛ぶように売れた時代だった。

時は移り変わった。インターネットが普及し、情報過多となった。私たちは何が正しく何が間違っているかを自らで判断する必要が生じてきた。誤った情報や教えに操られ、カルト宗教に入信してしまい大事件を起こしてしまうような事態まで発生した。それでも懲りずと科学技術は進歩していき、今やほぼすべての若者たちはスマートフォンを所持し、書籍どころかテレビも追いつかないほどの、めまぐるしく伝わってくる情報が高速で脳裏を通り過ぎていくのを、どう整理しているのだろう。

昨今、果たしてまた禅ブームといわれて久しい。禅寺を訪ねて境内を見て回るだけだったのが、どんどん体験型にもなっていった。坐禅はもちろん、写経や、はたまた作務まで体験できるというようなお寺もできた。また、都会のオフィスで働く人たち、とくに女性を中心として、朝活といって出勤前に坐禅をしたりヨガをしたりといったライフスタイルも流行っている。

そして世界中が新型コロナウイルス禍にみまわれた。私たちは今まで経験したことのない新しいライフスタイルと向き合うことにもなった。人と人との出会いを極力減らさなければならなくなり、外に出掛けることもままならぬ状況だ。ずっと沈黙をたもつはずの坐禅会でさえ、オンラインで行なわれるといったことも当たり前のようになった。

また伝統によって支えられ守られてきた僧堂（修行道場）や雲水の生活でさえ、変化が見える。塀に囲まれ、一見、理不尽なまでの厳しい昔ながらの僧堂生活も、今は可視性が望まれるようになり、少しずつ現代の若者に合わせた生活環境に変えられているところもあるようだ。

さて、このような時代に、禅文化研究所のロングセラー『坐禅のすすめ』を新編として発刊することになった。旧刊の執筆者からすると孫の世代にもなる若き老師方によって、伝統の文献を今の時代に捉えて著わされた本書、皆さんにどのように届くであろうか。

時代は変わっても、お釈迦様の教え自体は永久不変である。それを私たちは坐禅によって、どう捉え、どう見つめていくか。そこが一大事である。

令和三年秋

禅文化研究所編集部

もくじ

『坐禅儀』を読む

圓福僧堂師家
政道《まさみち》 徳門《とくもん》

はじめに―数息観、随息観を見直す―

「一則の公案を拈《ねん》じて直に須《すべか》らく断命根《だんみょうこん》を要すべし（命根を断ずることを要すべし）」。これは白隠禅の流れを汲む臨済宗の僧堂で骨を折った方ならご存知の、「臘八示衆《ろうはつじしゅう》」の第一夜における白隠禅師の垂示です。いわゆる看話禅《かんなぜん》と呼ばれる臨済宗の僧堂での工夫弁道はこれに尽きます。一則の公案を日常の真っ只中に取り上げて命を吹き込み、昼夜《ちゅうや》提撕《ていぜい》、その心髄に徹していく。現在の臨済宗の僧堂での修行は、その一則一則をどこまでも重ねていくわけです。

しかしながら、そういう修行体系の中で、我々がつい読み過ごしがちなのが、その垂示の直前の「始め数息観《すそくかん》を為すべし。無量三昧の中、数息を以て最上と為す」という部分、すなわち白隠門下では、公案を拈じるに先だって数息観を為すことを勧めていたという事実です。同様に第四夜の垂示においても「息を数えて三昧に入る。是れを数（息観）と謂《い》う。息を数えて漸《しばら》く熟すれば、唯だ出入の息に任せて三昧に入る。是れを随（息観）と謂う」と数息観から随息観《ずいそくかん》へとつながっていく坐禅の流れが示されています。白隠禅師が公案を最も重視されていたことは間違いのないことですが、臘八示衆を読む限り、当時白隠門下では、まず数息観・随息観に重きを置いていたことが想像できます。

実はこのことにもっと注目すべきです。僧堂の現場では初関として「趙州無字《じょうしゅうむじ》」や「隻手音声《せきしゅおんじょう》」という公案が与えられ、これに参じるように工夫していくわけですが、語言三昧といえども力業で同じ言句に繰り返し参じていくうちに、自分を催眠にかけ、まるで一定のリズム・一定の型に自分をはめてしまうことだけがあたかも修行であるかのような間違いに陥ることがあります。特に坐禅中においてそういう間違いが起こりやすい。祖師方が型を作るということはありません。作るとしたら、それは自分なのです。

これに対して正しい数息観、特に随息観の方法というのは、「出入の息に任せる」（第四夜の垂示）というところがポイントで、特に随息観に移った後では呼吸の長短は絶対にコントロールしないでおきます。その上で、次から次へとやって来ては去って行く「千姿万態の呼吸」に対して完全に心を開いて、「一息」また「一息」……と呼吸に身と心を任せてしまうのがポイントです。「型にはめる」のではなくて「任せる」というところが、実は坐禅では大変重要なのです。

これがしっかりできるようになれば、試しに「呼吸」の代わりに「無字」や「隻手」を置けば良い。かつて呪文のように繰り返していた「無字」や「隻手」がきっと生き生きと蘇ってくるはずです。ですから、初めに数随の工夫をしっかりやっておくことが、延いては正しく公案を拈提し、古人の心髄に徹するための礎となるのは間違いありません。

さて、それではこれから『四部録《しぶろく》』収録の『坐禅儀《ざぜんぎ》』を拝読しながら、この数随の工夫、延いては公案の拈提の仕方への手がかりを得たいと思います。

この『坐禅儀』でまず最初に書かれているのは、坐禅修行に入る前の心構えと生活態度。我々の坐禅がなかなか「坐禅らしい坐禅」にならないとしたら、それはこの坐禅前の準備がおろそかだからだといえます。さらにその前に、坐禅をする目的を明確にしておきます。結局のところ我々が坐禅修行をする目的は、心に背負っている荷物を下ろし「苦しみ」から自由になることです。それぞれが抱えている苦しみから解放される術を知ること。苦しんだことのない人間はまず居ないと思いますから、このことを最初に押さえておくことが第一のポイントです。

坐禅前の心の準備

夫《そ》れ般若を学ぶ菩薩（学般若の菩薩）**は、**

「般若を学ぶ菩薩」とは、我々修行者のこと。お経を読んでいて「菩薩」とか「衆生」とかいう言葉が出てきたら、必ず「自分のこと」として読んでいきます。

「般若」とは言うまでもなく「智慧」のことであり、ものごとをありのままに正しくとらえるはたらきです。一言で説明するとこれで終わりです。しかし修行の現場ではそうはいかない。ものごとをありのままに正しくとらえるということは、苦しみもありのままにとらえることであります。苦しみを前にして生じる、逃げ出したい気持ち、不安感、恐怖、怒り……ありとあらゆる不快なもの……。それらを尽くありのままに正しくとらえることです。

この不快なものを直視してそれに心を開くのか、それとも心を閉ざすのか？……毎日毎日自分が試されます。結局ほとんどの場合が心を閉ざし、その場から逃げてしまうことになります。なぜなら不快なものに心を開くことで、今まで生きてきた自分を否定するという「本当の苦しみ」が始まるからです。

しかし、智慧のはたらきの本当に素晴らしいところは、たとえ自分が不快なものに心を閉ざしたとしても、その事実をもはっきりと映し出してしまうというところです。ですから、たとえ気が乗らないとしても、毎日毎日坐禅を繰り返すことが重要です。坐禅を繰り返す中で少しずつ、今自分が不快なものに心を閉ざしていることに気付き、また反対に心を開くとはどういうことかを理解していきます。そして、そのたびに智慧のはたらきを目の当たりにし、苦しみから自由になることとはどういうことかを学んでいきます。それが我々「般若を学ぶ菩薩」の姿です。

先《ま》ず当《まさ》に大悲心を起こし、弘誓願《ぐぜいがん》を発し、

白隠禅師は「四弘《しぐ》ノ《の》誓願輪《せいがんりん》ニ鞭《むち》ウチ……」とうるさいほど言われます。当然僧堂でも毎日毎日『四弘誓願文』を唱えます。朝課や晩課では勿論のこと、日供《にっく》合米《ごうまい》（決まった家を巡る托鉢）の時にも各家の玄関先で『四弘誓願文』を唱えます。そうすると仮に五十軒の村を回れば、百ぺんから百五十ぺん唱えることになります。しかし、それだけ回数を重ねても、なんだか実感が湧かない。特に「衆生無辺誓願度《しゅじょうむへんせいがんど》」と唱える時に空しさを感じることがあります。それは、内容に自分が追いついていないことに自分で気付いているからです。

平生はそのことに心を閉ざして済ましていますが、時々ふと思い出したように「実感が伴わないのは何故なのか?」と考えてこんでしまう……。私自身こういう日を何年も過ごしました。四弘誓願さえこんな調子なのに況《いわ》んや「大悲心」をや、というところです。ある日ふと気付いたのが、自分はずっと「衆生無辺誓願度」と唱えながら「自分」を「救われる対象外」に置いていたということです。「救おうとする衆生」の中に「自分」を含めていなかった。これでは実感が湧くはずがない。

『坐禅儀』の「大悲心を起こし」とはこのことを言っています。「大悲心」というのは「大いなる憐れみの心。仏菩薩の慈悲」です。普通の慈悲心とどう違うかと言えば、普通の慈悲心には向かうべき対象があって良いのですが、ここでの「大悲心」は向かうべき対象を限定せず、十方すべての方向に向かってごく自然に発せられている慈しみの心のことを言っています。故に大悲心が向けられる対象は「衆生という相手」だけでなく、この「自分という相手」にも向けられている。常に一切に向けられている。ですから、この「大悲心」が一切衆生に向かう時、「他者」に向かっては「他者という相手」を裁くことなくありのままを受け入れる。「自分」に向かっては「自分という相手」を裁くことなくありのままを受け入れる。「これが正しい」、「これは間違い」といって取捨選択することなく、心地良いものも不快なものも平等にそのまま受け取っていく。……これはまさに「智慧のまなざし」そのものです。だから「智慧と慈悲は車の両輪」と言います。智慧の輪が回っている時は、同時に慈悲の輪も回っています。こうやって我々「般若を学ぶ菩薩」は、坐禅を毎日繰り返す中で「智慧のはたらき」を知ると同時に「大悲心」を学んでいきます。

「大悲心」というものは「この私が頑張って起こそう!」と思っても起きるもんじゃない。「四弘の誓願輪」は鞭なんか打たなくったって、智慧が育てば自然に回り始めるんです。何年修行しても『四弘誓願文』を唱えるのに実感が伴わないとしたら理由はここにあります。

精《くわ》しく三昧を修し、

「三昧」。サマーディーの音写。一般には禅定と同義。こころを一つの対象に向けて集中すること。禅定と三昧を分けて考える伝統もありますが、ここでは単に「専一に坐禅を修習し……」という理解で留めておきます。

誓って衆生を度し、一身の為に独り解脱《げだつ》を求めざるべし。

本当に坐り抜いた修行者の視野は広い。僧堂の単布団の上で坐っていながら常に世界とつながっています。常住《じょうじゅう》においては、典座《てんぞ》（食事係）など敢えて自分の時間を割いて他の雲水のために働く修行者がいます。成熟した組織であればあるほど、高単（先輩）の雲水が率先して作務に勤しむ。或いは皆が寝静まった後に密かに東司《とうす》掃除（便所掃除）をしたり、捨てないで取っておいた屑《くず》野菜を雑炊にして食べたり……。この世界にはそういう修行者の話がいくらでもあります。

どういうことかというと、「自分のエゴを満たすための坐禅・修行から離れる」ということです。自分の居心地の良い場所で理想の自分像に近づいていくことが修行だと思ったとたん、修行が間違った方向に向かいます。「自利利他、二利双修」といって、積極的に「他者」と関わっていくことで、紛れもなく「自分」とも関わっていきます。
実際には毎日の朝課で、或いは坐禅の最初には心の中で、一句ずつ丁寧に『四弘誓願文』を唱えるよう心がけます。時には訓読して読む方が良い場合もあるでしょう。また、止静が切れた後や就寝前には「此の功徳を以て普《あまね》く一切に及ぼし我等と衆生と皆共に仏道を成ぜんことを」と心中で回向《えこう》して終わります。

身辺整理をする

爾《しか》れば乃《すなわ》ち諸縁を放捨し、万事を休息《くそく》し、

そのためには、ひとまず日常との係わりを断って、万事を休止する。――摂心《せっしん》（余事《じ》を絶って参禅学道する期間）前には必ず身辺を整理しておくようにします。我々修行者は僧堂に入る前に身辺整理しておくのは勿論、入ってからも常々身辺整理を心がける。なぜなら身辺整理が不十分だと必ず修行に差し障りがあるからです。何よりも修行者本人が苦しむ。雲水であろうと外来の参禅者であろうと、山門をくぐるにあたって、仕事であれ、物であれ、人付き合いであれ、気がかりになっていることは持ち込まないようにします。これが二番目に大事なポイントです。

それから身辺整理に付随してもう一つ大事なのが、「戒を知り、戒を守る」という意識を持つことです。「戒定慧《かいじょうえ》の三学」と言いますが、仏教のどの伝統にしたがって修行をしようとも、凡夫が坐禅をして本当に定慧を育てたいと思うならば「戒」こそがその土台となることは間違いありません。大摂心《おおぜっしん》（一週間の摂心）中は勿論のこと、地取《じどり》摂心（大摂心前の予備摂心）から、少なくとも「五戒」を守って生活をします。

坐禅生活に入る

身心《しんじん》一如にして、動静間《へだて》無《な》く、

坐禅は最初「調身、調息、調心」の順番を重んじます。身体が調えば呼吸が調い、呼吸が調えば心が調う。身体と心が「呼吸を介して」一つにつながっています。

また同様に、止静中と動中も「呼吸を介して」一本の線でつながっていくことができます。坐禅の時間もそれ以外の時間も、常に呼吸を念頭に置いて生活します。また、これを徹底することは、公案を昼夜拈提することと何ら変わりがありません。

こうして、身体と心、動中と静中、全てがつながっていることを学んでいきます。

其《そ》の飲食《おんじき》を量《はか》りて、多からず少なからず、

本気で坐禅をしようと思ったらアスリートのように食事を調整する。食べ過ぎる人間で、まともに坐禅をしている雲水を見たことがありません。大摂心中は特に、平生の半分から三分の一まで食事の量を減らしてみます。過食は、不善心である「昏沈」や「睡眠」の状態を引き起こす原因になります。

また、食事の際には一句ずつ丁寧に『五観文《ごかんもん》』を唱えるよう心がけます。

其《そ》の睡眠を調えて節せず、恣《ほしいまま》にせず。

「昏沈睡眠」の状態に陥り坐禅に対して全く気分が乗らない時は睡眠時間を多く取っ

た方が良いこともあります。しかし、少しでも調子が上向く兆しが見えたならば、寝る時間を少し削ってでも一人夜坐に励んでみる。そうすると、坐禅が波に乗ることがあります。

いずれにしても、もっと食べたい・もっと眠りたいという欲望に思い切って抵抗してみる。そうすることで上手くいかない坐禅に活路が見いだせることがしばしばあります。

坐禅のための環境作り

坐禅せんと欲する時、閑静処《げんじょうしょ》に於《お》いて厚く坐物《ざもつ》を敷き、

ここで言う「閑静処」とは単に「静かな場所」ということではありません。街の真ん中であろうと山の中であろうと、坐禅しようとする時は一定期間、外部との接触を断つことのできる環境を整えることが何よりも大切です。大摂心中は勿論のこと、自宅においても、坐ろうとする時間帯を決めたら、その間は電話や来客を遠ざけます。

外の世界を遮断する工夫と決意が必要です。

環境が整ったならば単布団（坐布団）の敷き方を工夫します。禅宗の伝統ではお尻の位置に坐蒲《ざふ》を一枚加えますが、その材質や高さの調節は勿論のこと、浅く坐りすぎないよう、反対に深く坐りすぎないよう工夫します。

「調身」―衣の着方―

寛《ゆる》く衣帯《えたい》を繋《か》け、威儀をして斉整ならしめよ。

「調身」は、まず「衣の着方」からスタートします。ゆったりと衣を着て正しい位置に角帯を締める。実は角帯を締める位置に工夫が要ります。絶対に帯がへその真上を通ってはいけない。呼吸が安らかでなくなります。へその下の腰骨あたりで帯を締める。帯を締めた時に生じる「腹が据わり背筋が伸びる感覚」を大事

写真１　雲水の手巾

にします。そして、この感覚をもう一押ししてくれるのが、お腹の前で交差する手巾《しゅきん》（写真1）の存在です。臨済宗の雲水がユニークな巻き方をしてわざわざ重みを作っているのには、きちんとした理由があるのです。

いずれにしても自然な呼吸がしやすい衣の着方を工夫するのが肝要です。

「調身」その１ ―足の組み方―

然《しか》して後結跏趺坐す。先《ま》ず右の足を以《もっ》て、左の髀《もも》の上に安《お》き、左の足を右の髀《もも》の上に安《お》け。或いは、半跏趺坐も亦《ま》た可なり。但《た》だ左の足を以《もっ》て、右の足を圧《お》すのみ。

威儀が整ったならば結跏趺坐します。まず右足を左ももの上にのせ、左足を右ももの上にのせる（写真2）。或いは（左足を右ももの上にのせる）半跏趺坐

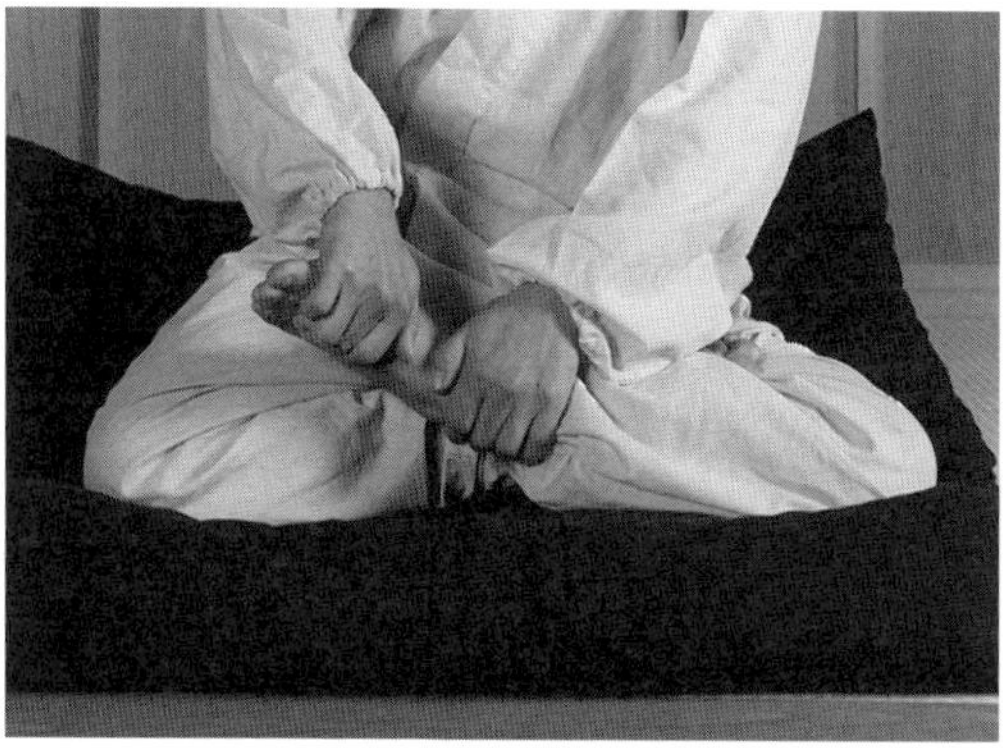

写真２　足の組み方

でも良い。いずれにしても、下半身は建物でいうところの土台になるので、足はしっかりと組みます。

「調身」その2 —法界定印—

次に右の手を以《もっ》て、左の足の上に安《お》き、左の掌を右の掌の上に安《お》き、両手の大拇指《だいぼし》の面を以《もっ》て相拄《あいささ》え、

次に右手を、組んだ左足の上に手のひらを上にして置き、その右手の上に、左手を置く。両手の親指を合わせて楕円を作る（写真3）。

※坐禅中はこの姿勢をキープします。

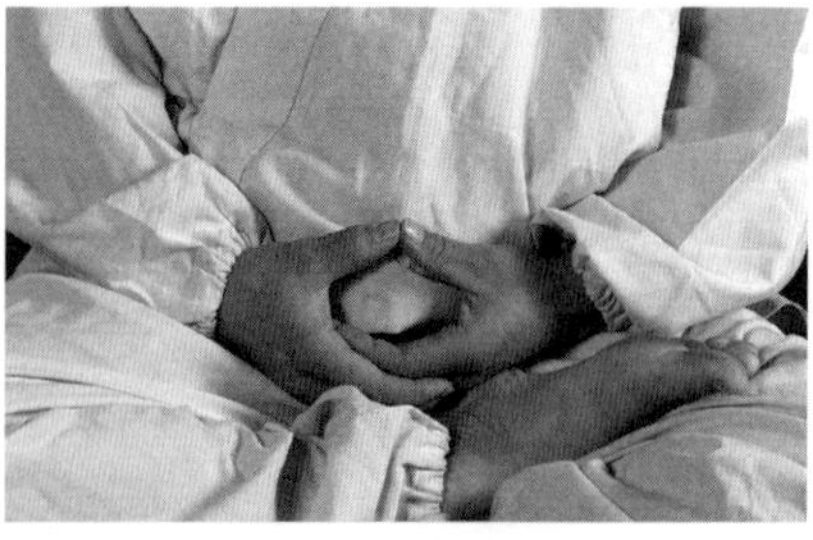

写真３　法界定印

「調身」その３ ―姿勢―

徐々に身を挙《おこ》し、前後に反覆し、左右に揺振して、乃《すなわ》ち身を正しうして端坐せよ。

ゆっくりと体を立て、上半身を前後左右に、振り子が振れるようにゆすって、体の中心がまっすぐ決まったところで、しっかりと腰をすえる（写真４・５）。

左に傾き右に側《そばだ》ち、前に躬《かがま》り後に仰ぐことを得ざれ。腰脊《ようせき》、頭頂《ずちょう》、骨節《こっせつ》をして相支え、状《かたち》浮屠《ふと》の如《ごと》くならしめよ。

左に傾いたり、右に曲がったり、前へかがんだり、後ろにのけぞったりしない

写真４　前後に反覆

写真５　左右に反覆

ように。腰椎、脊椎、頭頂骨まで、それぞれの骨節が互いに支え合い、あたかも大きな塔が立っているように坐る。

※「浮屠」は「ブッダ」の音写語ですが、直前に「状《かたち》」とありますので、ここでは「仏塔」の意味に取っておきます。

また身を聳《そばだ》つこと太《はなは》だ過ぎて、人をして気急《きゅう》にして不安ならしむることを得ざれ。

また、高くそびえ立つ塔のように坐ろうと意識しすぎて、身体がこわばって呼吸が安らかでなくなるのもいけない（あくまでも自然な呼吸ができる姿勢になるよう工夫します）。

耳と肩と対し、鼻と臍《ほぞ》と対し、舌は上の顎《あぎと》を支え、唇歯《しんし》相著《つ》けしむることを要す。

写真６　結跏趺坐（側面）

目は須《すべか》らく微《すこ》しく開き、昏睡を致すこと免るべし。

横から見た時に、耳、肩、肘を通る線が大地に対して垂直になっている（写真6）。同様に、前から見た時に、鼻筋、へそを通る線が身体の中心を通って大地に対して垂直になっている（写真7）。

◎舌……舌は上あごの歯のつけね辺りに軽く押し当てる（図1）。

◎くちびると歯……くちびると歯は一文字に結ぶ。歯はくいしばらないように。

◎目……目は、一度正面を真っ直ぐ見つめて、そのまま目線を下げます。視界を狭めることで眼から入る情報を制限します。目線を下げると同時に顎は少し引い

写真７　結跏趺坐（正面）

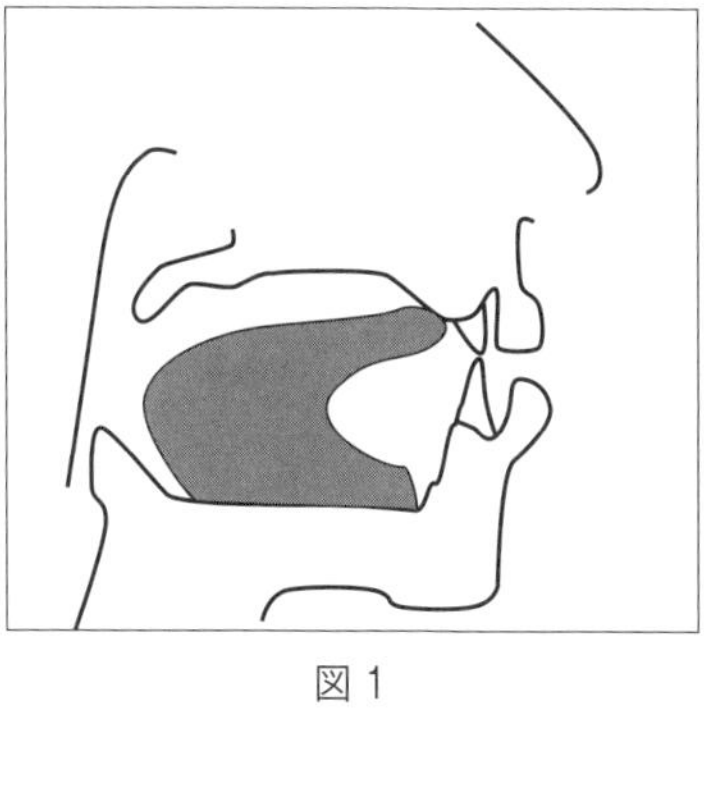

図１

ておきます。

「調息」その１―腹式呼吸―

まずはゆっくり息を吸います。吸いながら、頭のてっぺんが天からひもで引っ張られるイメージで、背筋を伸ばしていきます。同時に自然にへその下（丹田）に気がみなぎるのを意識します。今度は息を吐いていきます。吐きながら上半身が緩んでいくのを感じ、息が出て行くのを見届けます。息の出入にともなう身体の変化に心を置きながら、しばらくの間、自然な順腹式呼吸（普通の腹式呼吸）を続けます。身体と心が「呼吸を介して」一つになっていることを確認します。

呼吸が落ち着いてきたら、さらに今度はスケールの大きな坐禅をすることを心がけます。息を吸う時は天地の恵みを頂くように吸い、息を吐く時は自分が天地の隅々に溶け込んでいくように吐いていく。自己と天地が「呼吸を介して」つながっていることを意識します。そのようにして、しばらくの間、意識的にスケールの大きな呼吸を続けていきます。

この後、数息観・随息観に入っていきますが、『四弘誓願文』を唱えようとする時はこの時点でゆっくりと唱えます。


「衆生は無辺なれど誓って度せんと願う」。

「煩悩は無尽なれど誓って断ぜんと願う」。

「法門は無量なれど誓って学ばんと願う」。

「仏道は無上なれど誓って成ぜんと願う」。

※一句ずつ心を込めて丁寧に。

目を開くことについて

若《も》し禅定を得れば、其《そ》の力最勝なり。古に習定の高僧あり、坐して常に目を開く。向《さき》の法雲円通禅師も、亦《ま》た人の、目を閉じて坐禅するを訶《か》して、以《もっ》て黒山の鬼窟と謂《い》えり。蓋《けだ》し深旨《じんしあ》有り、達者焉《これ》を知るべし。

いわゆる「瞑想」と呼ぶ伝統では、集中しやすいという理由から目を閉じることが多いようですが、「坐禅」の伝統では常に目を開いて「半眼」を保ちます。これは単に「眠ってしまうのを回避するため」という理由だけではなく、目を閉じて瞑想をすることで（特に初心者が）幻覚に巻き込まれるのを防ぐためだとも考えられています。いずれにしても、「動静間《へだて》なく」ということを重んじる坐禅の伝統では、目を開いておくことで常に日常とつながっておこうとする意志がここに感じられます。

「調息」その２—呼吸を観る—

身相既に定まり、気息既に調うて、

坐相が定まると呼吸が調い始め、自然に心が安らかになってきます。また心が安らかになると、呼吸を一段ときめ細やかに観るようになり、坐相が本来あるべき形に収まったような感覚が生じます。そうして最初は意識しなければできなかった「調身↓調息↓調心」という流れが、実際には三位一体となって進んでいることを感じることができます。

坐相が調えられたならば、今度は心を鼻の穴の前に置いて「呼吸の出入を観察」していきます。最初に触れた通り、数息観、特に随息観は「出入の息に任せる」というところがポイントですから、この時点で「呼吸を調えよう」とか「大きく吸おう」とか「長く吐こう」等、呼吸に対して計らうことを一切やめてしまいます。そうすると実際の呼吸には、長短、粗細、深浅、実に様々なものが存在することに気付きます。そういった次から次へとやって来ては去って行く「千姿万態の呼吸」に対して心を開いて、「一息」また「一息」……と丁寧に観察していきます。呼吸に身と心を任せてしまうのがポイントです。

数息観から随息観へ

私が最初に習った数息観は、意識的に長く吐きながら「ひと――っ」、吸いながら「つ――」、また長く吐きながら「ふた――っ」、吸いながら「つ――」と数えていく方法でしたが、この「出入の息に任せる」数息観、随息観では「吸う方」からスタートします。

まずは吸う息に対して心を開き、自然に息が入っていく様子全体を鼻の穴の前でじっくりと観ていきます。今度吐く息が始まったら、自然に息が出て行く様子全体をじっくりと観ていきます。吸う息と吐く息の全体を見届けたら、心の中で「一《いち》」と数を置いていきます。

そのようにして、吸って吐いて「一」、吸って吐いて「二《に》」、……十まで数えたら、また一から始めます。

もし数を間違ったり忘れたりした時は、必ず妄想が生じていたり昏沈睡眠の状態にいるので、改めて一から始めます。

これを淡々と何回も繰り返します。

この時、妄想を嫌い、妄想と葛藤しないよう注意します。たとえ何が思い浮かぼうとも、それに対して善悪の判断をせず、気付いたら淡々と手放していきます（再び呼吸を観ることに戻る）。

妄想が全く生じないままで三十分～一時間ほど続くようになったら、さらにその状態のまま、息の全体（最初・真ん中・終わり）を観るよう修習します。

数息観から随息観へ移行するタイミングは基本的には指導に従うべきですが、指導がなくても「坐禅自体」が教えてくれます。正しく坐禅をしていれば「もう呼吸を数える必要はない」という時期が来たのが、ごく自然に分かるようになります。

いずれにしても「現在観ているこの呼吸は、今後二度と経験できない呼吸だ」と心得て、一息一息大事に観ていきます。

然《しか》して後臍腹《せいふく》を寛放し、

身相が既に定まっている状態であるにも拘《かか》わらず、なお「臍腹を寛放」する――という理屈が分かりにくい。私は最初これを「吐くときに下腹を膨らませたまま吐く『逆腹式呼吸』について言っているんだ」と理解していたのですが、どうも違う。力が入って坐禅に「計らい」が生まれてしまいます。やはり、この「寛放」というのは「成り行きに任せる」という意味に取るべきです。そうするとこの箇所は逆腹式呼吸ではなく、やはり順腹式呼吸（普通の腹式呼吸）について言っていることになります。要するに、呼吸の出入にしたがって自然に臍腹が膨らんだりへこんだりするのに任せておく。呉々《くれぐれ》も呼吸に対して「計らわない」ということが肝要です。

一切の善悪都《すべ》て思量すること莫《な》かれ。念起らば即《すなわ》ち覚せよ。之《これ》を覚すれば即《すなわ》ち失す。久々に縁を忘ずれば、自ら一片と成《な》る。此《こ》れ坐禅の要術なり。※

呼吸の成りゆきに身と心を任せ切ることによって智慧が生じ始めます。智慧が生じてくると、呼吸の本来の姿を生き生きと観るようになります。この訓練によって、やがて心に生じる一切のものに対して善悪の判断をしたり、執着したりするということがなくなっていき、「一度生じたものが自然に滅し、次に生じたものも又滅する……」ということが淡々と繰り返されるようになります。ここに至って、嫌うべきものは何もなく求めるべきものも有りません。全てが滞りなく、自然の法則に順《したが》って進んでいきます。人間の計らいの及ばない世界です。

そのようにして呼吸本来の姿をじっくりと観察する中で、やがて呼吸を始めとした全ての現象が、実は定義づけできないものであることが解ってきます（「説似《せつじ》一物即不中《いちもつそくふちゅう》」というのがそれです）。心に触れるもの全てが新しく、それらはどのような言葉を使っても言い表わすことができません。「自ら一片となる」その対象が書かれていないのはそういうことでしょう。表現のしようがないのです。

※ここに書いてある「念」はこの場合「思考・思い」のことであって、次の「正念」の「念」とは違いますので注意します。

坐禅に対する用心

竊《ひそ》かに謂《おも》うに坐禅は乃《すなわ》ち安楽の法門なり。而《しか》るに人多く疾《やま》いを致すことは、蓋《けだ》し用心を善くせざるが故なり。若《も》し善く此《こ》の意を得れば、則《すなわ》ち自然に四大軽安、精神爽利、正念分明にして、法味神《しん》を資《たす》け、寂然として清楽ならん。

坐禅が上手くいかないとしたら、以上のようなプロセスを一つ一つ丁寧に経ていかないところに問題があるんだと心得て、何度も何度も最初に戻ります。そのように日々工夫しながら坐禅をしていく中で、自然に調身、調息、調心がなされ、定慧が育つ土台が築かれていきます。

定慧が生じている時に経験する「安楽」感は、欲求が満たされて得られる世俗的な満足感とは全く別のものです。そしてその結果、まず身体が軽安になります。心も爽快で研ぎ澄まされ、正念（気付き）が現前しているという状態を如実に経験します。そして、ここが大事なのですが、この妙味が、仏道への信（信頼）を生み、それが正精進への助力になっていくのです。

若《も》し己に発明《ほつみょう》すること有《あ》らば、謂《い》うべし、龍の水を得るが如《ごと》く、虎の山に靠《よ》るに似たりと。若し未だ発明すること有《あ》らざる者も、亦《ま》た乃《すなわ》ち風に因って火を吹く。力を用いること多からず、

「発明」とは真理が明らかになること。聞声悟道《もんしょうごどう》、見色明心《けんしきみょうしん》。多くの祖師方がその時の様子を言葉に残してくれています。本当の声を聞いたり、本当の姿を見たりするまさにその時、龍が水を得るがごとく、或いは虎が山に居を得るように、自分が「本分の家郷」と言うべき場所に立っているのを知ります。まだ真理が明らかにならない人でもここまで坐禅をしてくれば、そんなに力を用いなくとも直に定慧《じょうえ》が育ち、発明に至るでしょう。

また、そういう経験の有無に拘わらず、用心を善くして毎日専一に淡々と坐禅に努めることが最も大切です。出口のないトンネルはありません。道元禅師が「ただわが身をも心をもはなちわすれて、仏のいへになげいれて、仏のかたよりおこなはれて、これにしたがいもてゆくとき、ちからをもいれず、こころをもつひやさずして、生死をはなれ仏となる」(『正法眼蔵』「生死」)と仰る理由はここにあります。

但《た》だ肯心を弁ぜよ、必ず相賺《あざむ》かず。

修行は決して裏切りません。ただ自ら修習して、自ら承知するのみです。

魔境（呼吸から離れないこと）

然《しか》れども道高ければ魔盛んに、逆順万端なり。但《た》だ能《よ》く正念現前せば、一切留礙《るげ》すること能《あた》わず。『楞厳経《りょうごんきょう》』、天台の『止観《しかん》』、圭峰の『修証儀』のごとき、具《つぶ》さに魔事を明かす、預《あらかじ》め不虞《ふぐ》に備わる者の、知らずんばある可《べ》からず。

釈尊でさえ成道する前日まで、摩羅《マーラ》に襲われたといいます。ですから、我々が修行を続ける中で魔境に何度も何度も足をすくわれるのは当然のことです。逆境・順境共に、ありとあらゆる魔境が姿形を変えて我々の元にやって来ます。そのために多くの人が、自分の修行が間違っているのではないかと懐疑的になって修行を止めてしまったり、反対に神秘的体験に心が惹かれて執着し、それが到達点であるかのごとく錯覚してしまったりします。このように、仏道を歩み続ける限り、我々は何か「確かなもの」を掴もうと足掻《あが》き続けるようです。

しかしながら「正念」が現前して智慧が生ずれば、いかなるものにも執着することがありません。何も得ないのです。坐禅のコツを一つあげると、「常に初心者であること」です。一切の見通しや予想図を破り捨てて、ただ単布団に坐るのがコツです。心地良い坐禅もあれば不快な坐禅もあるでしょう。しかしながら、ただ淡々と坐っていくことが肝要です。

動中の工夫 その1（呼吸から離れないこと）

若し定《じょう》を出でんと欲せば、徐々に身を動かし、安詳《あんじょう》として起ち、卒暴《そつぼう》なることを得ざれ。

もし禅定（坐禅）から出ようとするならば、ゆっくりと動作して安らかな状態を失うことのないよう起ち上がります。立ち上がろうとしている最中であっても「呼吸」から心が離れないよう注意します。

出定の後、一切時中、常に方便を作《な》し、定力を護持すること嬰児《えいじ》を護するが如くせよ。即《すなわ》ち定力成《な》し易《やす》し。

坐禅から立った後も、動中の一切において「呼吸の出入」に心を置き続けます。常に赤ん坊を胸に抱いているように「正念」を保持します。抱いていることを忘れてしまったら赤ん坊を落としてしまいますし、反対に大切だからといってきつく抱きしめると泣き出してしまいます。忘れないように、また力が入りすぎないように丁寧に呼吸を見守っていきます。

動中の工夫 その２ ―歩行禅―

坐禅の間に歩行禅を取り入れることで、実際に「動静間《へだて》なく」正念を相続する感覚を学んでいきます。歩行禅にも色々な方法がありますが、一つの方法として「呼吸に心を置いたまま、その出入に合わせてゆっくり一歩一歩足を進めていく」方法があります。すなわち吸う息に合わせて足を上げ、吐く息に合わせて足を降ろしていきます。これは臨済宗の「速く歩く経行《きんひん》」は勿論、曹洞宗の「一息半歩の経行」と比べても、取り組む感覚が少し違います。

日々歩行禅を修習することで、実際に作務など「動中の工夫」のための下地を作ることができます。歩行禅に慣れてきたら、普通の速度で歩いている時、箒《ほうき》を持っている時、食事の時……と少しずつ工夫する範囲を広げていきます。またその際、呼吸に心を置いている時とそうでない時にどういう違いがあるかを学んでいきます。

終わりに

夫《そ》れ禅定の一門は最も急務たり。若《も》し安禅静慮《じょうりょ》せずんば、這裏《しゃり》に到って惣《そう》に須《すべか》らく茫《ぼう》然《ぜん》たるべし。

いよいよ『坐禅儀』も結びの部分に入りました。ここから最後にかけて「定」という言葉が何度も繰り返され「禅定を得ること」が奨励されます。

確かに禅定は大切です。しかし最初に申した通り、我々が坐禅修行をする目的は、心に背負っている荷物を下ろし「苦しみ」から自由になること。それぞれが抱えている苦しみから解放される術《すべ》を知ることです。そのために禅定を育てるのであっても、

「禅定体験を得る」ことを目的として坐禅をするわけではありません。

趙州禅師の言葉に「有仏の処を見ば急ぎ走過せよ。無仏の処も住《とど》まることを得ざれ」（『趙州録』巻中）とあります。禅定体験を得ようと藻掻くのも、ささやかな禅定体験をいつまでも覚えておこうとするのも共に、苦しみを生じさせる原因になることがあります。禅定体験を得ようとしたことにより、今度はさらに「禅定体験という荷物」を抱えたまま右往左往することがあるので注意しなければなりません。「禅定を得ること」に執着しないよう十分気をつけます。

坐禅に筋書きはありません。大切なのはこれまでにどれだけ坐ってきたかではなくて、とにかく毎回初めてのごとく、真っ新になって取り組んでいくことです。

所以《ゆえ》に珠を探るには、宜《よろ》しく浪を静むべし。水を動かせば取ること応《まさ》に難かるべし。定水澄清なれば、心珠自ら現ず。

「苦しみ」から自由になるために一所懸命、工夫弁道に励んでいたとしても、それをあざ笑うかのように、ある日突然思いも寄らないことは起こります。恐怖や怒り、恥ずかしさや失望感などに追い込まれた我々は、工夫すること等すべて忘れて、それら不快な感情を無くす為に何か手段はないかと、それを探し索《もと》めて走り回ります。

こんな場合にこそ日頃の工夫が試されます。どんなことが起ころうと、じっと立ち止まること。早急に問題を解決しようとしないこと。……これは「般若を学ぶ菩薩」の態度、すなわち「智慧をもって問題の本質をみつめ、大悲心をもってその不快なものと共に居続ける」という態度です。計らわない。流れに任せてしまう。「心珠」が現われることなど期待しない。

何かに期待感を持った途端、そのものの本質が見えなくなってしまいます。期待せずとも一切事象は変化していきます。苦しみも変化すれば、楽しみも変化していきます。一切自分の思うようにはなりません。ですから我々のできることは、今日この場所において「はっきり目覚めている」ことだけなのです。

故に『円覚経』に云《い》わく、「無《む》礙《げ》清浄の慧、皆《み》な禅定に依《よ》って生ず」と。『法華経』に云《い》わく、「閑処に在って其《そ》の心を修摂《しゅうせつ》せよ。安住不動なること須弥山の如《ごと》し」と。是《ここ》に

知んぬ、超凡越聖は必ず静縁《じょうえん》を仮《か》り、坐脱立亡《りゅうぼう》は須《すべか》らく定力に憑《よ》るべし。

無礙清浄。安住不動。超凡越聖。坐脱立亡……。仰々しい言葉が並びます。しかし何度も言うように、そもそも我々は何らかの体験を得るために坐禅をするわけではありません。こういう言葉に執着しないようにします。

『臨済録』中に、「祖師西来意」を問うた僧に対して臨済禅師が、「若し意有らば自《じ》救不了《ぐふりょう》」と答えた場面があります。「すばらしい体験を得よう」「何か確かなものを掴みたい」と望むだけの坐禅修行であるならば、結局、他人どころか自分さえ救うことができないでしょう。

一生取弁するすら尚《な》お蹉跎《さだ》たらんことを恐る。況《いわ》んや乃《すなわ》ち遷延《せんえん》として、何を将《も》って業《ごう》に敵せん。故に古人云《い》わく、「若《も》し定力無《な》くんば、死門に甘伏《かんぷく》し、目を掩《おお》うて空しく帰り、宛然《えんねん》として流浪《るろう》せん」と。

肝に銘じておかなければならないのは、今こうやって我々が坐禅修行に励むことができる環境にいることがどれだけ恵まれたことかということ。そして、こんな機会はもう二度とやって来ないだろうということです。

今日、有縁無縁多くの方々の力によって我々の修行が支えられていることに思いを馳せ感謝します。

幸《こいねがわく》ば、諸禅友、斯《こ》の文を三復し、自利利他、同じく正覚を成ぜんことを。

この「諸禅友」という呼びかけにとても勇気づけられます。大きなまなざしに見守られている気がします。「この道はかつて仏も歩まれたし、祖師方も歩まれた。今、自分も歩んでいる。次はあなた方だ」。……時空を超えた僧伽《そうぎゃ》のまなざしです。そもそも彼らがいなければ、我々が仏道を歩みはじめることもなかったでしょう。

しかし実際に歩いてみると、この道に「はっきりした道しるべ」が無いことに気がつきます。仏教各宗派がそれぞれの伝統にしたがって道順を提示してくれてはいますが、それも所詮《しょせん》は言葉で示された世界です。「言葉の及ばない世界」を言葉で示すことはできません。この『坐禅儀』にしたところで肝心の所は何も書かれてありません。結局、自分の足で歩いて行くほかはないのです。

そう言えば学生時代に、ふとこんな言葉が浮かんできたことがあります。

「一寸先は闇。ただ足下を照らす光さえあれば良い」。

……その後仏教を学び始めて分かったことは、坐禅も念仏も、瞑想と呼ばれるものもすべて、この「足下を照らす光」を生じさせる営みに他ならないということです。この光は、常識を破壊し言葉を破壊して、未だ知られざる「見たことのない世界」を日常の中に見せてくれます。そして、禅匠達はその風景を「父母未生以前本来の面目」と呼びました。何故なら自分のルーツ、拠って立つ所が根こそぎ奪われて初めて見えてくる世界だからです。

この意味において、全ての古則公案は拠り所を根こそぎ奪ってしまう装置だと言って良いでしょう。白隠禅師が「一則の公案を拈じて直に須く断命根を要すべし（命根を断ずることを要すべし）」と仰ったのはまさにこのことです。我々が「趙州無字」や「隻手音声」に参じる度に、自己が拠って立つ所は木っ端みじんに破壊されます。自己が解体されないような参禅は本当の参禅とはいえないのです。

ですから「私は無字を体得した」「初関を透った」ということは今までも無かったし、

これからもあり得ない。生まれてから今まで一つとして同じ呼吸が無いように、「無字」はいつも新鮮で、参じる度に「新しい世界」が現前しているのを目の当たりにするはずです。そこに「決まった型」のようなものは一つもありません。そもそも「決まった型」を破壊するための公案なのです。

故に、我々白隠禅師の法の流れを汲む者が「一則の公案を拈じて」古人の心髄に徹するためには、それに先だって数随の工夫をしっかりやっておくことが重要です。数随の工夫こそが、仏道という「はっきりした道しるべ」のない道を迷わず歩いていくための土台となるのです。

最後に、何よりも大切なことは、何があろうと絶対に歩みを止めないことです。きつい坂道もあるでしょう。平坦な道もあるでしょう。しかし、どんな道を前にしようとも、今日、自分の足で歩けるだけ歩く――。このことが何よりも肝要です。

※本稿は、季刊『禅文化』二四七号（二〇一八年一月発行）所収、「『坐禅儀』を読む」に加筆修正を加えたものです。

実習　白隠「内観の法」

～ポストコロナ社会のストレス対処法として～

平林僧堂師家　松竹《まつたけ》　寛山《かんざん》

はじめに

新型コロナウイルス感染症の世界的大流行によって、私たちの暮らしは大きく変わりました。急激な環境の変化が、職場や家庭内の人間関係にも影響を及ぼしました。

巷では「コロナ疲れ」「コロナうつ」「コロナストレス」などという言葉も聞かれました。ストレスはイライラや不安、緊張という形で意識化されます。思い通りにならない苦しみを、多かれ少なかれ誰もが体験しました。

仏教でいう「苦」はパーリ語では「dukkha」といいます。「四諦・八正道」の教えにもみられるように、もともと仏教は、苦を乗り越えるための教えです。とするならば、仏教それ自体が、よりよく生きるためのストレス対処法ともいえるわけです。

本稿は、臨済宗中興の祖・白隠慧鶴《はくいんえかく》（一六八五〜一七六八）禅師が、代表的な著書『夜船閑話《やせんかんな》』『遠羅天釜《おらでがま》』に書き記した「内観《ないかん》の法」をテーマとします。「内観の法」は、同著に記される「軟蘇《なんそ》の法」と共に、刊行以来、禅、宗教をはじめ、医療、心理、身体技法の関連書籍でも、禅の養生法（健康法）として紹介され、一般にも知られるようになりました。

尚、内観法には、浄土真宗の僧侶吉本伊信《よしもといしん》（一九一六〜一九八八）が修養法として開発したもの（内観療法）もありますが、本稿では白隠禅師の「内観の法」を取り上げます。ポストコロナ社会のストレスを乗り越えるためにも、是非身につけたい修養法です。まずは、白隠が「内観の法」にどのようにして出会ったかをみてみましょう。

白隠の禅病体験

白隠は二十四歳の時、越後高田の英巌寺で修行中、遠くの寺の鐘声を聞いて、痛快に悟ります。更に、信州飯山《いいやま》の正受老人《しょうじゅろうにん》に厳しい指導を受けて、飯山城下を托鉢《たくはつ》中に大悟しました。庵を辞した後も、毎夜八炷《はっしゅ》（約四時間）の坐禅を怠ることはなかったといいます。

ところがいつしか、修行に行き詰まってしまいます。坐から起《た》って日常に転ずるや、坐禅中の境涯はどこかへ吹っ飛んでしまうのです。大悟したのにもかかわらず、日常生活の中で生きてこない。静中《じょうちゅう》、動中《どうちゅう》の二境がうまく調和しない、修行上の壁にぶち当たります。

この悩みを解決すべく、白隠は寝食を忘れて更に坐禅に打ち込みます。ところが却って悪循環に陥り、身心に次のような症状が現われます。

心火《しんか》逆上《ぎゃくじょう》し、肺金《はいきん》焦枯《シャウコ》して、双脚《そうきゃく》、氷雪《ひせつ》の底《そこ》に浸《ヒタ》すが如く、両耳《りょうに》、渓声《けいせい》の間《あいだ》を行くが如し。肝胆《かんタン》常に怯弱《コニャク》にして、挙措《コソ》恐怖多く、心神困倦《しんしんコンケン》し、寐寤《ミゴ》種々《しゅじゅ》の境《きょう》界《がい》を見る。両腋《りょうエキ》常に汗を生じ、両眼常に涙《なんだ》を帯《お》ぶ。此において遍《あまね》く明師《みょうし》に投じ、広く名医《めいい》を探ると云えども、百薬寸功《ひゃくやくすんこう》なし。

（『夜船閑話』訳注芳澤勝弘　禅文化研究所刊　以下同）

思いつめて、考えすぎたために心のストレスが激しく、肺の調子が悪くなった。両脚は氷や雪に浸したように冷え、谷川のほとりを行くかのように、いつも耳鳴りがする。気弱になって、何をしてもオドオド、ビクビクして、疲れやすく、寝ても覚めても雑念や妄想が湧いてくる。両脇はいつも汗をかき、眼は常に涙で潤んでいる。広く名医を訪ね、種々の治療を試みたが、何の効果も得られない。

（筆者意訳　以下同）

白隠を襲った様々な不調は、現代でいうと、ストレスが原因で起こる心身症、あるいは自律神経失調症にみられる症状です。これらを克服するため白隠は、各地の高僧や名医を訪ねて救いを求めますが、何の手立ても得られませんでした。

症状に悩まされながら、更に二年ほどの月日が経った頃、縁あって白隠は、京都山《やま》城《しろ》の白川《しらかわ》山中に住む白幽仙人《はくゆうせんにん》を訪ねます。仙人は白隠をみて、これは鍼灸や薬では決して治らない重度の「禅病」であるといいます。その治療のため、白隠に「内観の法」と「軟蘇の法」を伝授しました。白隠は、この二法を三年余りにも渡って行じ、長く悩まされた身体と心の不調からようやく脱することができたのでした。

白隠が「禅病」を患った原因は、心の葛藤や公案修行からくる心理的ストレスと、寝食を削る激しい修行による身体的ストレスによるものでしょう。これらの症状には、現代ならばクリニックの心療内科などを訪れて、カウンセリングや、自律訓練法、認知行動療法などを受ける方法があります。マインドフルネスもそのひとつです。

白隠が病を治すために伝授された「内観の法」と「軟蘇の法」にも、身心をリラックスさせ、元気にする効果があります。これは、私たちがストレスを感じたときにも無理なく、副作用もなく始められる修養法です。坐禅を習慣にしている方であれば「内観の法」あるいは「軟蘇の法」を、坐禅と併修できると良いでしょう。

「内観の法」「軟蘇の法」ともに身心の緊張を緩める方法ですが、「内観の法」は基礎、「軟蘇の法」は応用と分けることができます。今回は、基礎編として「内観の法」を実習します。

身体《からだ》に意識を向ける

いざ「内観の法」を白隠原著『夜船閑話』『遠羅天釜』に倣ってやろうとすると、案外難しいものです。そこで段階を踏んで実習できるよう、ウォーミングアップから始めましょう。

「内観の法」の要点は、心を下半身に落ち着けることです。心が上《うわ》ずっていると呼吸は短く、浅くなり、疲れやすくなります。一方、心が下半身に落ち着くと、気力が満ち、血液の循環が良くなり、呼吸も長く、深くなります。

ここでは、次のプロセスをとって内観の（自分の身体に意識を向ける）感覚をつかみましょう。

一、身体の部位に意識を向ける（内観ウォーミングアップ①～④）
二、下半身に意識を向ける（⑤～⑥）
三、呼吸と心の落ち着きを感じる（⑦）

内観ウォーミングアップ（所要時間3〜5分）

①イスに深く腰かけ、両足を床につけて背筋を伸ばします

②両手をみぞおちのあたりでラクに合わせ、ユックリこすります（5〜10回）

③両手を静かに離し、手のひらを上に向け、力を抜きます

④手のひらと5本の指の様子を、ユックリ感じてみます（ホカホカと温かくなる、スーッとする等、10秒〜1分）

⑤手のひらをそのまま下に向け、膝《ひざ》（腿《もも》の上）に静かに降ろします

⑥手のぬくもりが両腿から膝、ふくらはぎ、足の裏へと伝わっていくことを感じます（10秒～1分）

⑦呼吸と心の落ち着きを感じておわります（1～3分）

＊目は開けても閉じても構いません。

＊所要時間は目安です。慣れるに従って短くなり、最終的には10～30秒程度でできるようになるでしょう。

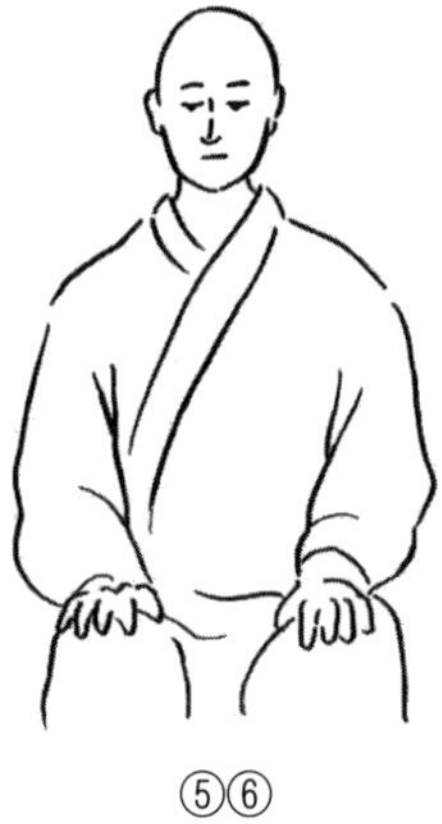

⑤⑥

⑦

「内観の法」の実習

いよいよ「内観の法」に入ります。便宜上、「内観の法」を前半と後半に分けて実習します。前半では、下半身の各部位に意識を向けること、後半は、それを更に深めることを目指しましょう。

まず前半です。『夜船閑話』には、以下のように書かれています。

若《も》し此秘要《ひよう》を修《しゅ》せんと欲せば、且らく工夫《くふう》を放下《ほうげ》し話頭《わとう》を拈放《ネンポウ》して、先須《まずすべか》らく熟睡《ジュクスイ》一覚《いっカウ》すべし。其未《そのいま》だ睡《ネム》りにつかず、眼《まなこ》を合《がっ》せざる以前に向《むか》って、長《な》がく両脚《りょうきゃく》を展《の》べ、強《ツ》よく蹈《ふ》みそろへ、一身の元気をして臍輪《ざいりん》気海《きかい》、丹田腰脚《たんでんヨウキャク》、足心《そくしん》の間に充《ミ》たしめ、時々《じじ》に此観《このかん》を成すべし。

（『夜船閑話』）

この内観の妙法を修しようとするならば、しばらく、あれこれと考えることや公案工夫もやめることだ。まずは、ぐっすり眠って心と身体を休め、気力を充実させることである。横になり、眼を軽く閉じ、両脚を長くしっかり伸ばして、身体中の気を気海丹田《きかいたんでん》、腰脚《ようきゃく》、足心《そくしん》に満たしていけ。

（意訳）

「内観の法」は、もともと重度の病（禅病）を治すために用いられたため、原文では仰臥位（仰向けで横になる姿勢）がとられています。しかし、今回私たちは「内観の法」を日々のストレス対処法として、あるいは坐禅を更に深めるために学びます。そこでいつでも取り組めるよう、ウォーミングアップ同様、イスに腰かけて行ないましょう。

「内観の法」前半（所要時間3～5分）

①イスに深く腰かけ、背筋を伸ばします
手は膝《ひざ》（腿《もも》の上）に置き、深呼吸を3回します

②下半身の各部位を、次の順番で唱え、感じます
感じにくい場合には、手のひらで触れて確認します
（10秒～1分）
下腹・背中・腰【気海丹田《きかいたんでん》】
↓腰・尻・腿・腿裏・膝・脛《すね》・ふくらはぎ【腰脚《ようきゃく》】
↓足首・足の甲・足裏・足先【足心《そくしん》】

下腹・背中・腰
【気海丹田】

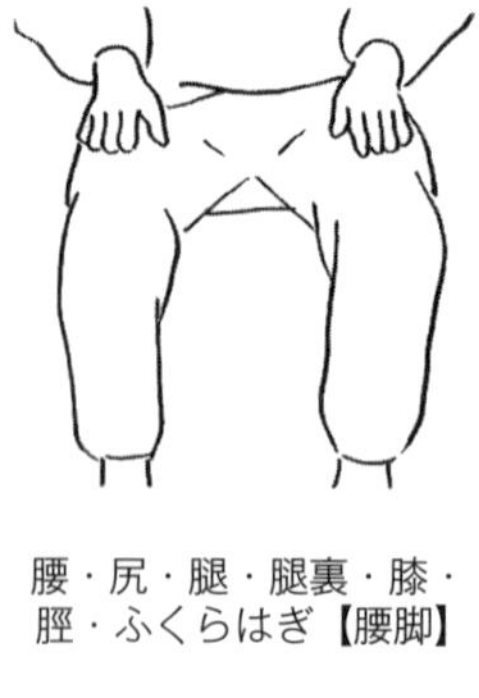
腰・尻・腿・腿裏・膝・
脛・ふくらはぎ【腰脚】

③同じ順番で唱えながら、各部位の感覚（温かさ、冷たさ、重さ、シビレ等）が広がる、伝わることを感じます（10秒～1分）

④最後に「きかいたんでん【気海丹田】、ようきゃく【腰脚】そくしん【足心】」と静かに唱えながら、下半身全体を感じ続けます（10秒～1分）

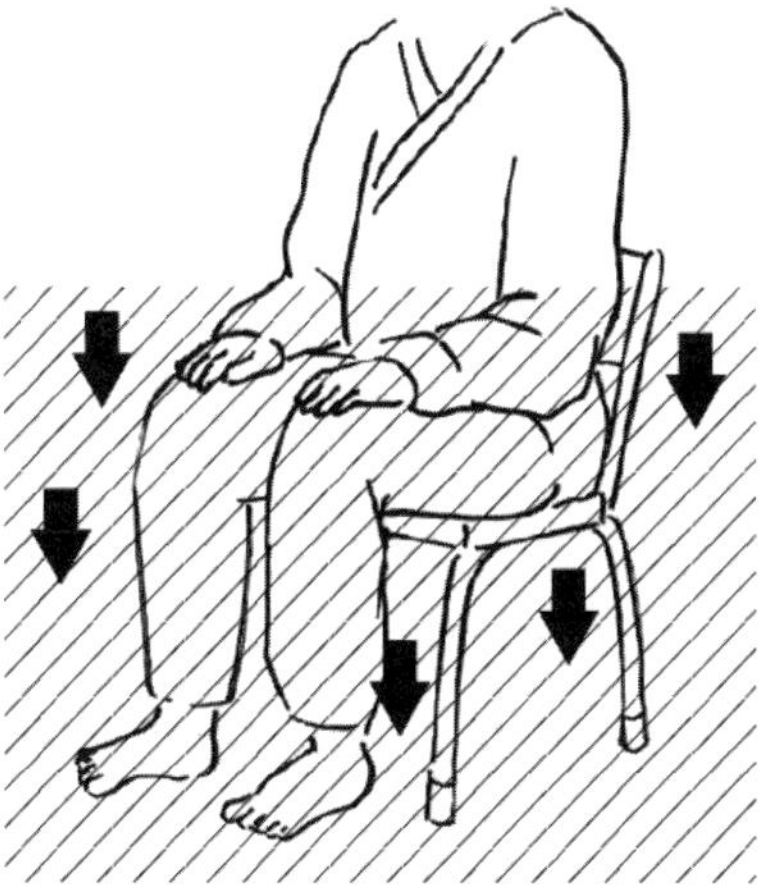
きかいたんでんようきゃくそくしん
【気海丹田腰脚足心】

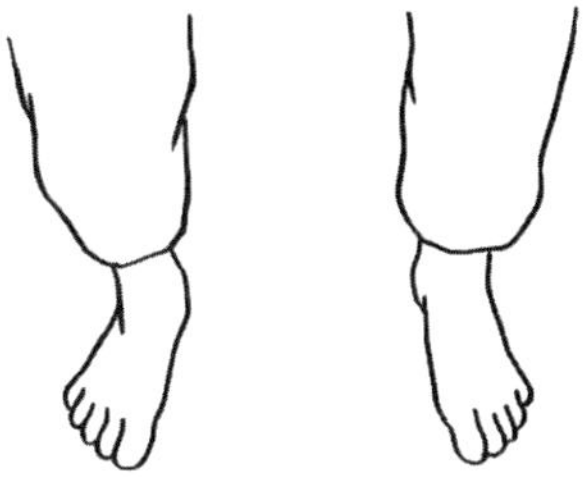
足首・足の甲・足裏・
足先【足心】

さて後半です。原文は、次の四句が続きます。

我《わが》此《こ》の気海丹田《きかいたんでん》、腰脚足心《ようきゃくそくしん》、総《そう》に是《これ》　我《わ》が本来《ほんらい》の面目《めんもく》、々々《めんもく》何の鼻孔《びくう》かある。
我が此の気海丹田、総《そう》に是《これ》　我が本分《ほんぶん》の家郷《かきょう》、々々《かきょう》何の消息かある。
我が此の気海丹田、総に是　我が唯心《ゆいしん》の浄土《じょうど》、々々《じょうど》何の荘厳《しょうごん》かある。
我が此の気海丹田、総に是　我が己身《こしん》の弥陀《みだ》、々々《みだ》何の法をか説く。

（『夜船閑話』）

気海丹田、腰脚足心は本来の自分。本来の自分はどんなだろう。本来の自分、本来の自分……

気海丹田、腰脚足心は心のふる里。心のふる里はどんなだろう。心のふる里、心のふる里……

気海丹田、腰脚足心は心の安らかな世界。心の安らかな世界はどんなだろう。心の安らかな世界、心の安らかな世界……

気海丹田、腰脚足心は阿弥陀さまの世界。阿弥陀さまの世界はどんなだろう。阿弥陀さまの世界、阿弥陀さまの世界……

（意訳）

この句を丸暗記する必要はありません。《内観四句《ないかんしく》》として原文、または筆者意訳を紙片に書き写し、読み上げましょう。原文で唱えることが理想ですが、難しく感じる場合は意訳でも構いません。丁寧に唱えて、下半身全体に意識を向ける感覚を深めていきます。

「内観の法」後半（所要時間3〜10分）

④「きかいたんでん、ようきゃくそくしん」と静かに唱えながら、下半身全体を感じ続けます。
⑤原文または意訳の《内観四句》を繰り返し唱えながら、下半身の各部位に気力が満ちる様子を感じていきます
　きかいたんでん（下腹・背中・腰）
　↓ようきゃく（腰・尻・腿《もも》・腿裏・膝《ひざ》・脛《すね》・ふくらはぎ）
　↓そくしん（足首・足の甲・足裏・足先）
⑥静かに深呼吸をして、心と呼吸の落ち着きを確認します

更に取り組みやすい方法として、《内観四句》の短縮例をご紹介します。四句の一文をそれぞれ短くすると、一呼吸で唱えられます。調子や語呂が良いと、反復しやすいでしょう。原文に近いもの、または意訳、いずれも唱えやすい方、唱えてみたい方を選んで、試してみましょう。

《内観四句：短縮例》

気海丹田、腰脚足心、本来の面目、本来の面目、本来の面目……
気海丹田、（腰脚足心、）本分の家郷、本分の家郷、本分の家郷……
気海丹田、（腰脚足心、）唯心の浄土、唯心の浄土、唯心の浄土……
気海丹田、（腰脚足心、）己身の弥陀、己身の弥陀、己身の弥陀……

（原文に近いもの）

気海丹田、腰脚足心、本来の自分、本来の自分、本来の自分……
気海丹田、腰脚足心、心のふる里、心のふる里、心のふる里……
気海丹田、腰脚足心、安らかな世界、安らかな世界、安らかな世界……
気海丹田、腰脚足心、阿弥陀さまの世界、阿弥陀さまの世界、阿弥陀さまの世界……

（意訳）

＊「気海丹田、腰脚足心」と唱えるだけでも良いでしょう。

原文も意訳も難解なのは、この四句が、臨済禅の公案的な要素を備えているためです。四句には、敢えて疑問や引っ掛かりを起こすコトバが用いられています。疑問や引っ掛かりが起こると、そのコトバからずっと、意識が離れなくなります。あるいはコトバにとらわれなくとも、疑問や引っ掛かりを解消しようという心のはたたきが、常に起こります。すると、やがて自然と、自分が対象そのものになる（ここでは気海丹田や腰脚や足心になる）という仕組みになっているのです。

心を落ち着け、気力を満たす

白幽仙人に「内観の法」を授けられた後、白隠は駿河に帰ります。「内観の法」を熱心に修すること三年。いつの間にか、鍼灸も薬も使うことなくすべての不調が雲散霧消し、禅病を乗り越えることができました。「内観の法」の効果を、白隠は次のように記しています。

打返《うちか》へし〳〵常に斯《か》くの如く妄想《モウザウ》すべし。妄想《もうぞう》の効果《コウクワ》つもらば、一身《いっしん》の元気《げんき》いつしか腰脚足心《ようきゃくそくしん》の間に充足《じゅうそく》して（中略）従前《じゅうぜん》の五積六聚《ごしゃくろくジュ》、気虚労役《ききょラウエキ》等の諸症《シャウ》、底《そこ》を払《はら》って平癒せずんば、老僧が頭《こうべ》を切りを将《も》ち去れ。（『夜船閑話』）

このように繰り返し繰り返し「気海丹田、腰脚足心」と念じていけ。すると効果が表われて、下腹、腰、お尻、腿《もも》、膝《ひざ》、脛《すね》、ふくらはぎ、足裏から足先にまで気力が満ちてくる。（中略）これらを辛抱強く続けると、両脚の冷えや耳鳴り、心のオドオドビクビク、疲れ、冷や汗、涙目といった症状は、必ずや治ること、請け合いだ。（意訳）

白隠は、身心が調ったただけでなく、それまでよくわからなかった難透の公案がからりと透り、大歓喜を得ることおよそ六、七回、小悟を得て歓喜したことは数えきれないほどであった、といいます。禅の境界を深めるためにも「内観の法」は有効であったわけです。

『夜船閑話』は白隠七十三歳の著作です。白隠は、真冬の厳寒の日でも足袋も穿かず暖房なしで過ごして病気をしないでいるのは、すべて「内観の法」のお蔭である、と著しています。「動中の工夫は静中に勝ること百千億倍」という白隠の修行観も、「内観の法」を通じて禅病を乗り越えた経験から得たものでしょう。

下半身に心を落ち着けること、下半身に気力を満たすこと、これが、白隠の「内観の法」の要点です。「気海丹田、腰脚足心（きかいたんでん、ようきゃくそくしん）」と繰り返し唱えていくことで、呼吸にも気力が込もり、禅定力が安定してきます。身体も心も、ドッシリと坐ってくることでしょう。

あたらしい生活様式の中で、普段と比べて不自由な思いをすることが続きます。先の見えない不安感に苛まれることもあるでしょう。そんなときにも、自宅で、ひとりで、カンタンに取り組めるのが「内観の法」です。白隠禅師の修養法をぜひ実践し、各々の境界を深めて頂きたいと願っています。

※本稿は、季刊『禅文化』二五九号（二〇二一年四月発行）所収「白隠「内観の法」のすすめ～コロナ社会に於けるストレス対処法として～」に加筆修正を加えたものです。

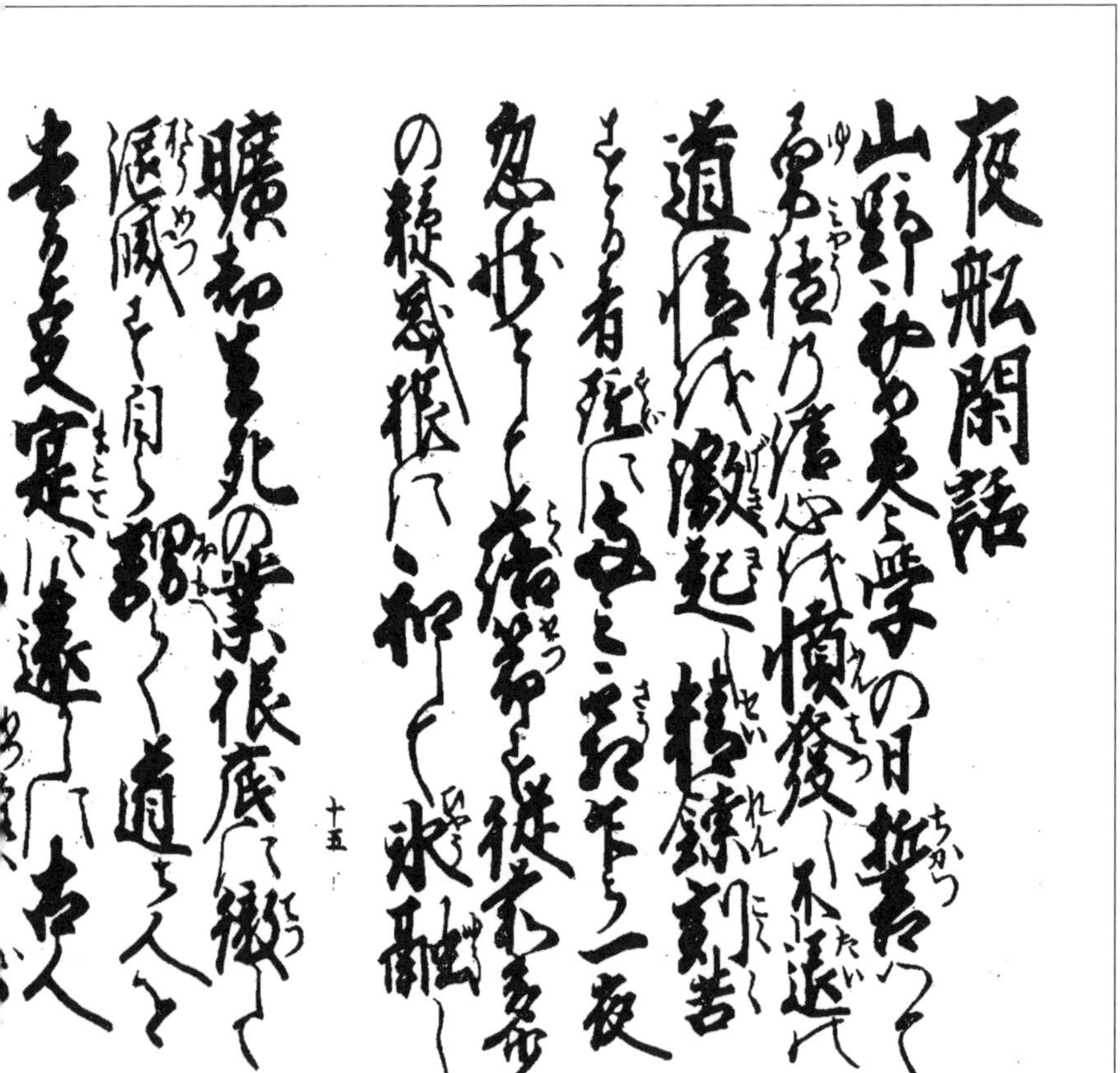
夜船閑話

『夜船閑話』写本（原字白隠禅師）

対談　坐禅で腰を立てるとは

円覚寺派管長／花園大学総長
横田《よこた》　南嶺《なんれい》

大阪・天正寺（相国寺派）住職
佐々木《ささき》奘堂《じょうどう》

坐禅との出会い

横田　奘堂さんとは長い付き合いのように感じますが、いつ坐禅を始めたのでしたか？

佐々木　大学時代です。

横田　東大の時？

佐々木　はい。

横田　それはどういうきっかけで？

佐々木　宗教に関しての問題意識が芽生えたのは、高校時代です。志望する高校に入り、将来をざっと展望してみまして、大学に入ったり、その後就職したりして、それなりに食べていく見通しはつきますけど、最後は絶対に死ぬわけです。「必ず死ぬ自分」ということを考えた時、虚しさや物足りなさがある。ではどうしたら虚しさを抜け出て、本当に満ち足りた人生を送れるのだろうという思いが高校時代に芽生え、それが大学時代にさらに強くなりました。これは世俗の成功では解決できない問題ですし、関心が宗教に向かいました。それでキリスト教や仏教など宗教の本を幅広く読むようになったのです。

横田　そのとき専攻は哲学でしたか？

佐々木　大学に入った時は理系でした。科学や技術はものすごく発達し、便利な道具もどんどん開発されて便利になったことは確かですね。ですけど、「便利になったからといって、それが何なんだろう」という疑問が強くなり、それで「科学とはそもそも何か」を探求する学科である「科学史・科学哲学」を選考しました。

横田　東大ですと※陵禅会《りょうぜんかい》ですか？

佐々木　いえ、その頃は、おもに本を読んで仏教や禅をかじったくらいです。坐禅は、何回かお寺に行ったこともありますが、ほんの少しやった程度です。※鈴木大拙《すずきだいせつ》の本には、特に感激しまして、覚えず涙を流すようなこともありました。大拙の本を読んで、「ここに大事なものがある」という確信はもちましたね。

横田　なるほどね。その時は臨済宗とか

佐々木　曹洞宗の坐禅とか……。

　宗派のことは別に気にしていなかったですが、主に大拙を読んでいたので、結果として臨済ですね。ほかにも※西田幾多郎《にしだきたろう》先生や※西谷啓治《にしたにけいじ》先生、※上田閑照《うえだしずてる》先生とか、主に京大系の先生の本を読んでました。キリスト教の本も関心をもって読んでいまして、大学の最後の一年間は※井上洋治《いのうえようじ》神父のもとに通ったりもしました。

横田　奘堂さんの求道遍歴だけでも長い話になりそうですね。その頃ですか、※岡田式静坐法を習ったのも。

佐々木　それはずいぶん後です。

横田　じゃあ東大時代はその程度?

佐々木　おもに本で関心をもった程度です。ただ宗教になにか大事なことがあって、それをはっきりと見つけ、自分の心に深く納得しない限り、どんなに社会的地位が高くなっても、どんなに成功しても本当の満足はないだろう、というような確信はありました。それは今も変わってないですね。

横田　それで東大から京大の大学院に進んだんでしたか。

佐々木　そうです。※河合隼雄《かわいはやお》先生のもとで心理療法を学ぶために京大に入りました。

横田　そして大学での坐禅ですか？

佐々木　※相国寺《しょうこくじ》の智勝会《ちしょうかい》という、西谷啓治先生や上田閑照先生、※片岡仁志《かたおかひとし》先生をはじめ、徹底した禅の修行で、学者としても人間としても素晴らしい先生方を輩出している古い歴史のある会です。そして上田先生の授業に潜り込みに花園大学（国内唯一の臨済宗立四年生大学）に行ったりしてました。その上田先生に直接出会ったのが、自分も智勝会で坐るきっかけになりました。上田先生の教え子が、智勝会の主なメンバーだったんです。上田先生と直接に接して、「このような素晴らしい方が長年、禅の道を歩んでいる、その禅とはいったい何なのだろう」と思って、私もその会に入り実際に坐禅するようになりました。本で読んでいるだけではダメで、本当に修行した人と直接に出会って、はじめて自分も実地に修行を継続する道が開けたように思います。

横田　大学院生として相国寺に坐禅に通っていたわけですか？

佐々木　そのとおりです。月に二回通って、他に雲水（修行僧）と一緒の大摂心《おおぜっしん》にも参加できるんです。それで都合をつけられる限りは、大摂心にもできるだけ長く参加しました。※梶谷宗忍《かじたにそうにん》老師に参禅（一対一での問答のやりとり）もいたしました。のちに老師に励まされて僧侶になりました。

横田　よし、この道だと思ったわけですか。

佐々木　本当は河合先生のもとで臨床心理学の研究と実践をすることがメインで、それをしながら坐禅に打ち込むつもりだったんですけれども、梶谷老師から「お前は禅坊主になって本式にやらんか」みたいなことを言われて、それでいろいろ迷ったすえ、期間を二年間と限定して出家の形をとり、雲水になって修行しました。

横田　ああ、それじゃあ、最初に雲水になるときに※有馬《ありま》頼底《らいてい》老師の弟子になったわけ？

佐々木　はい。梶谷老師が、私が有馬老師の弟子になるようにはからってくださったのだと思います。

横田　それからまた、大学院に戻ったのですね？

佐々木　そうです。京大の助手を一九九八、九年度の二年間勤めたのですが、その間に、高校時代から抱いていた宗教的な問いに本格的に取り組んだほうが、自分も満足だろうし、人のためにもなるのではという思いが強くなってきて、それで期限付きでなく、本当に大事な道を追求しようと。

横田　自分として納得のいく生き方をしたいということですね？　それでもう一

佐々木　回僧堂に掛搭したわけですか。

横田　納得いくまで僧堂で修行しようと思っていたのですが、膝を痛めてしまい、しばらく坐禅もできない状態になり、それを機に僧堂をひきました。

佐々木　そうして僧堂を終えて今の大阪のお寺の住職になられたわけですね。

横田　小さな禅寺の住職になりました。

佐々木　そこが普通のお檀家やお墓があるというんじゃなくして……。そこで坐禅会だけでどうにかしようと。

横田　檀家は一軒もない寺でした。まぁお金をかせぐために出家したわけではないですし、生活やお金は二の次で、どうにかなるだろうと思ってやっています。

佐々木　すごいものだと思いますね。

「坐禅だけはちゃんとやろう」と自分で誓いを立てたにもかかわらず、どうも「ちゃんと坐れていない、腰もちゃんと立っていない」という悩みは、僧堂を出た後もずっと続きました。この悩みに比べれば、食えるか食えないかというような問題は、まぁ知れた程度の悩みだと思えています。お釈迦さまも、覚悟を決めて出家して、食べ物を人から恵んでもらって生きたわけですし、「衣食住が貧しい」ことで悩みはしなかったでしょうし。

横田　ご自坊以外に銀閣寺でも坐禅会をやったりしてたんでしたか。

佐々木　今はコロナで休みになってますけれども。あと東京と茨城で毎月一度の坐禅会をしています。

二人の出会い

横田　私と奘堂さんとはもう四年の付き合いになりますかね。

佐々木　ちょうど四年前の七月に、老大師と曹洞宗の※藤田一照《ふじたいっしょう》さんがコラボして、「腰を立てる」というテーマでの会が円覚寺でありましたね。私自身も長年探求してきたテーマでしたし、ぜひとも参加したいと思って。

横田　私たちはお互い臨済宗ですけれども、一照さんとは、ちょっと大きな出会いでしたね。それまでの私が思い込んでいた坐禅、今でも多くの人はそうだと思いますけど、※結跏趺坐《けっかふざ》をしっかり組んで動かずにじっと歯を食いしばって頑張るんだというもの。とくに臨済の場合ですと、気海丹田《きかいたんでん》（お臍の下あたり）に全神経を集中して、下腹部がはち切れんような力を入れて、「無《ム》

〜〜〜ッ」とこうやるんだ、なりきるんだと。私なんかもこれを何十年もやってきてて、それはたしかに大きな力にもなるし、それぞれの生き方を変えていく、考え方を変えていく素晴らしい方法だとは思っていました。

佐々木　私の場合は奘堂さんよりも少し早くて小学生の頃から坐禅をやってきていて、若い雲水と摂心を一週間やっても、これまでは気力と体力で持っていたのですが、いま五十歳を越えるようになって、だんだんとほころびが出てくるんですね。大摂心を行なうと腰に負担を感じるようになってきました。坐禅は安楽の法門というのに、何をやっておるんだろうかと思うようになってね。道元禅師も五十三歳で亡くなっていますので、五十代後半からのことは参考にできません。このまま体力が衰えていくのは避けられませんから……。そういうときに、藤田一照さんが『現代坐禅講義』という本を佼成出版社から出されていたのを読んで、それに佐々木奘堂さんが出ていたんですよね。

横田　九年前のことですね。

その対談をみると奘堂さんは、臨済宗の相国僧堂に行って何年も修行して、実際に坐禅指導しながらも、それまでの坐禅でよかったんだろうかという大きな疑問を持っている、ということが書いであったんですね。それを読んで私も、ああ自分だけじゃないんだ、同じ疑問を持っている和尚がいると。あの本が私たちにとって大きな転換だったように思います。

佐々木　私にとっても、同じ疑問をもって、真剣に探求しておられる先達と巡り合えたこと、二〇一二年に一照さんと出会い、二〇一七年に老大師とお出会いできたことは、本当に有り難い機縁になりました。

横田　今までの力と気力だけで持ちこたえてきた坐禅ではどうしても無理があると、実際に身体、腰が悲鳴を上げていると感じていましたから。その頃に出会いましたね。そして、その頃はたぶん奘堂さんの方が問題意識が深かったんだろうと思います。私は姿勢が良いつもりだったんですが、奘堂さんに「管長は腰が立っていない」と言われたんですよ。

佐々木　いやいや、ものすごい失礼なことを申しまして、申し訳ありませんでした。

横田　いや、もう感動しましてね。自分を否定してくれる人なんて、「我を非として当《むか》うものは吾が師である」（荀子「修身」に出る語）と。いやぁ、この人は何か違うと思いました。

確かに言われるとおり、我々はお尻を後ろに突き出して、そして腰骨を

佐々木　前に、お臍の下（丹田）を前に突き出すようにして坐禅します。そうすると、どうしても背中から腰の筋肉が張りますね。でも我々はそれがいい坐り方だと思っていました。「下っ腹にどーんと、こうしてやっていけ！」と。しかし、そうしますとやっぱり続かないし、やれるときはやれるけれども、あとは普段、お茶を飲んだりご飯をたべたりするとき、あぁやれやれと、こう背中が曲がっちゃう。

横田　だらけるとがんばるの繰り返しになりますね。

佐々木　これをずっとというわけにはいかないですからね。長時間坐ると腰がパンパンに張ってたりするんです。ああ、これは何をやっているんだろうかという一つの疑問にぶち当たった頃に、奘堂さんと出会ったわけです。その頃は奘堂さんにしてみれば、『現代坐禅講義』で藤田一照さんと対談された頃よりは、随分問題意識が深まっておられた頃だとは思いますが。

老師が今、「疑問にぶち当たった」と言われましたが、私の場合は、坐禅をして、膝を壊してしまいまして、否応なく壁にぶち当たった感じです。ともかくも坐禅だけは一所懸命やろうと思っていたので、決められた坐禅の時間だけでなく、かなり長い時間坐りました。でも、膝に負担をかける悪い坐り方で長時間やると、壊れるんですね。あまりに膝が痛いので、病院に行ってレントゲンをとって診てもらったところ、膝の軟骨が擦り切れてきていて、ちょうど鳥の羽が飛び散るような感じになっていました。軟骨は再生しないので、傷んだ箇所を取り去るしかなくて、その手術を受けました。

横田　それは僧堂を終わった後?、それとも僧堂にいるときですか?

佐々木　膝の手術を受けたのが二〇〇五年で、半年の間リハビリで、お医者さんから坐禅も禁止されましたし、これがきっかけで僧堂をひくことにしました。この一件で私はすごく悩んでしまいました。坐禅をして膝が壊れるのだったら、やればやるほど体に害を与えるわけですし、他人《ひと》にも勧められないですね。これは「坐禅」自体が悪いのでなく、「害を与えるような坐禅」が悪いわけです。では、害を与えるのと逆に、やればやるほど健康にも良く、白隠禅師が言われるような、気や心が元気に充ちみちてくるような坐禅は、どうしたらできるのかということが、突き付けられた課題になりました。

横田　私は幼い頃からやっていたもんだから、膝を痛めるということはなかったですが。

佐々木　痛いのを我慢して頑張ることが良いことだ、というような考えは、やっぱ

横田　りどこか間違っていると思わせられますね。

佐々木　そう。ただ単に我慢すりゃ、耐えりゃ尊いんだというのじゃ、これは本当の生きた教えにはならないというのが、今の私達の共通認識なんですね。普通は、若い人たちに対して坐禅を指導するとき、脚を組み手を組ませて、脚の痛いのを我慢させてジッと坐らせ、警策で叩いて気合いを入れさせる。だいたいこういうことでしょ。それは禅定が熟していった結果、ジッとしていることになるんであって、ただ動かずジッとさせているだけでは生きた坐禅とは言いがたいですね。

横田　そう思います。生きた坐禅とは逆で、白隠禅師が悪い坐禅を批判して言うように「棺桶の中で目だけ開けている」ような「死坐」になってしまっていると思います。

　実際に修行道場にしても、多くの坐禅会にしても、そういう教え方が多いですよね。それで、ふつう人が組めないような結跏趺坐をしてジッとして我慢して、今日は何分耐えたとかいうと、やったという感じがするしね。そうして何年も通っていると、特別なことをしたような気になる。でもそれは本当の自分自身の変革にはつながっていないし、下手をすると、やったんだという別の自我を増長してしまうことになりかねないというのを感じますね。そして、そういう坐禅はおそらく、今の人たちにも求められないと思います。その辺を、私達もやってきて、お互いに教わったりして、だいぶ変わってきたんですけれども、これをどう伝えていくかというのが、これがまた難しい。（笑）

坐禅――仏様に自分を捧げる

佐々木　老師が十歳で初めて坐禅されたときの体験を読んで感銘を受けました。※目黒絶海《めぐろぜっかい》老師が和歌山県新宮市の※清閑院《せいかんいん》に来られて、最初に全員に手を合わせて、「皆様は仏様です」と拝まれたと。

横田　そう、「今日お集まりの皆様は仏様です」と言って手を合わされたんです。なんていうことを言う人なんだろうと思いましたねぇ。

佐々木　本当に素晴らしい言葉だと思います。その後に、「神様が私達の中に坐っている」と。

横田　「坐禅すれば八百万《やおよろず》の神々がこの身体の中に収まるんだ」と言われたんです。私は熊野の生まれですから、人間が死ぬということを幼少時代から気に掛けていて、それでいろいろと求めるうちに、禅宗のお坊さんに出会って、なんかここに答えがありそうに思って今日に至ってるんですけどね。
　それと感動したのは、老師の三拝（仏菩薩に向かって五体投地する礼拝）される姿なのです。その三拝されている姿を見て、世の中にはこんなに聖なるもの、神々しい世界があるのかということに感動したんです。それで今ほどの「今日お集まりの皆様は仏様です」といって手を合わされた。しかも「坐禅すれば八百万の神々……」。熊野におりますから八百万の神々というのが、なにかすっと心に入るのです。それが「坐禅すれば身体に収まる」っていうのが、どういうことかなぁというのが、その話ですね。それが奘堂さんの坐禅の組み方の大きなヒントになったという。

佐々木　それがそのまま答えになりました。それと三年前に、老師が布教師講習会の講師で来られて、『法華経』の「但行礼拝《たんぎょうらいはい》」——但《た》だ礼拝を行じる、

ここに仏教の真髄がある、ということを確信を持って言われまして、本当に感銘を受けました。その時、お願いして墨蹟も書いていただきましたね。

横田　そうそう。『法華経』の究極は※「常不軽菩薩品《じょうふきょうぼさつぼん》」にある、あらゆる人たちにただ礼拝をしていくことだと。それが『法華経』の究極だと言われていますからね。私も結論はそこだろうなと思ってます。

佐々木　それと坐禅にピタリつながったのが最近なんです。それまでは分かれていて、礼拝が大事なのはわかる、坐禅も大事だ。二つ別々だったのが、「但だ礼拝を行ずる＝不断坐禅《ふだんざぜん》――断えることなく坐禅する」と、ピタリつながったのは、ほんとうに最近です。

横田　今日もあの礼拝の姿勢と、いや姿勢というのかな、単なる形じゃないんですね。これを伝えるのが難しい。身体技法として教えるわけにもいかないし、すべてを献《ささ》げ出すという気持ちですかねぇ。

佐々木　そう思います。あるいは、どのような気持ちかというより、自分自身を丸ごと差し出すあり方が礼拝だと思います。この対談に際して、四十年前に出た旧刊の『坐禅のすすめ』（禅文化研究所・一九八二年）を最近読み返しまして、※山田無文《やまだむもん》老師が※関精拙《せきせいせつ》老師の言葉を紹介しておられるところに目が留ま

横田

りました。精拙老師は、「お互いがこうして衣を着て、手巾《しゅきん》(法衣の腰をしめる紐)をしめて、肩に袈裟を掛けた姿は、この身体を奉書に包んで水引《みずひき》かけて熨斗《のし》を着けて、仏様に差し上げた姿じゃ。一切衆生のために供養した姿じゃ。もう自分の身体ではないから大切にして風邪をひかせてはならん」とよく言われていたとのことです。私はこの言葉を読んで、まさにこれだと思いました。

それまでは坐禅して境地を深めるとか、何か達成するみたいな気持ちがどうしてもあったわけです。それは多くの人が坐禅する動機でもあるでしょう。でも、それよりもはるかに根本的なことは、「自分を丸ごと仏様に、そしてすべての衆生に差し上げること、供養すること、これが坐禅なんだ」と気づかされました。今日も円覚僧堂の雲水さんに教えたんですが、自分のいのちを丸ごと差し出します。あるいはいのちを受け取ります。他人《ひと》にも分け与え、護ります。そういう礼拝のこころを行ずるのが、そのまま坐禅の姿勢になることをお伝えしました。

期せずして最近つくづく思うのは、私は参禅(独参《どくさん》・公案《こうあん》を用いて問答すること)というのを、修行者として二十年くらい、師家として二十年以上やってきました。あれは何か公案(師家が弟子に与える禅問答の問題)の答えを得ようとか、特別の境地になろうとかいうよりも、いつも毎回、老師のおられるところに行って、すべてを投げ捨てて、いつもゼロになって礼拝を重ねるという、ただ無心の礼拝行を何十年も重ねてきただけなんだなぁと思うようになったわけです。何にも本当は得るものなどないのだけれど、ただ拝んでいく。その姿勢がはっきりすれば、どの人に対しても礼拝の気持ちで接するということで、ようやく「常不軽菩薩品」と、自分のやってきたことが一つになるなぁということを感じていたんです。

佐々木　巽堂さんのすごいのは、この礼拝の気持ちというのか、それと坐禅の姿勢の腰を立てるというところが、一つになるというところですね。

ここが本当に微妙で大事なところです。腰が後ろに落ちているのは良くないから、「腰を立てよう」と意識的に思って、腰の部分を前方に出すことを普通はやると思いますし、私自身も二十年くらいはその方向でやってきました。ですが、その方向性でなく、いま老師が言われた「すべてを投げ捨てて、いつもゼロになって礼拝」をただ行ずる、そこに「腰が立つ」というあり方が、これまでとは全く違った次元で立ち現われることを、最近はっきり確信するようになりました。

横田　円覚僧堂でもこの頃、注意して指導していることがあります。僧堂で雲水の三拝というとチーンチンチンチンとバタバタ行なうのですが、あれも雲水らしい動作の一つかも知れないけれど、それを丁寧にやるようにしているんですよ、一回一回。身体をまっすぐにして、すーっと地面に身体を下ろして、ゆっくり息を吐きながらすーっと手を伸して、そうして両掌に本当にお釈迦様の足がいま載《の》っかった、と感動していくように丁寧にゆっくりやるように指導しているんです。

　ただ、礼拝と坐禅、奘堂さんにおいてはそれが一つというのはね、すごいこと。私なんか礼拝は礼拝、坐禅は坐禅だったので、今日聞いて、なるほどと思ったのです。

佐々木　いえ、私もこれがそのままピタリつながったのは、昨日今日のことですので。

横田　ああ、そうですか、そうですか。

佐々木　それといま老師が言われた「両掌に本当にお釈迦様の足がいま載っかった、と感動していく」、ここに礼拝と坐禅の一番大事なところがあると思います。「頂戴する」という言葉は、今では「物をもらう」くらいの意味で軽く用いられる場合が多いですが、「頂」も「戴」も「いただく」で、自分自身よりも上にあげることですね。仏様の前で、おでこを床に着けるまで自分を丸ごと差し出し、そのまま両掌に仏様の御いのちを丸ごと載せて、頂戴する（自分よりも上にあげる）、ここに礼拝の本質があると思います。そして、手先だけで持ち上げるのでは、不安定ですし、仏様に失礼にあたりますから、本当に大切なものを頂戴する（上にあげる）には腰が据わっていなくてはなりません。真に頂戴する（＝礼拝する）心が、そのまま腰が立つという身体の

あり方も実現させることになるわけです。

横田　これは藤田一照さんがよく引用される、あの道元禅師の「ただわが身をも心をも、はなちわすれて、仏のいへになげいれて、仏のかたよりおこなわれて、これにしたがひもてゆくときちからをもいれず、こころをもつひやさずして、生死をはなれ仏となる」（『正法眼蔵』生死の巻）ですよね。言葉としては以前から知っていた言葉ですけれども、それが身体の上において、なるほど、これが腰が立つということと一つになるのかというのに今日は感動しました。

佐々木　いま老師が引用された道元禅師の言葉は、「この生死《しょうじ》はすなはち仏の御いのちなり」の次に語られている言葉ですね。「生死」、つまり迷いの真っ只中を彷徨《さまよ》い歩いている私たちが、そのまま「仏の御いのち」だと道元禅師は端的に述べておられます。これの具体的な身心のあり方が、「身をも心をも放ち忘れ、仏の家に投げ入れる」ことだと私は受け取りまして、毎日この言葉を読み、礼拝行（五体投地）をずっと実践してきました。これを長く続ける中で、「坐禅」や「腰が立つ」ことと、身心を投げ放つ具体的実践である礼拝行が、ようやく一つのことになってきた感じです。

藤田一照さんと対談した頃は、まだそこがわかっていなくて、身体技法を探求することで「腰が立つ」のではないかと期待して、熱心に身体技法をやっていました。旧版『坐禅のすすめ』で真向法《まっこうほう》の教えが勧められていますけれども、私自身も、柔軟な体は大事だと思い、開脚して上半身を前傾していく体操は特に熱心にやりました。柔軟な身体が身につけば、腰も立ち、ちゃんとした坐禅ができるのではと期待したからです。数年間、毎日やりまして、脚は一五〇度開き、上半身も臍《へそ》がぴったりと床に着くまでになりました。

ですが、ロンドンの大英博物館にある、元はパルテノン神殿にあった※ディオニュソス像の前で真向法をやっていたところ、「お前は体は柔らかくなっているが、それで腰が立ったと思っているのかい？　実は腰抜けのままなんじゃないか」とそのディオニュソスから痛切な言葉を突き付けられているように感じました。

　ディオニュソス像は、実に活き活きと躍動していて、腰も見事に立っています。それに比べると、私自身の姿勢は、死んでいて、腰抜けのままだと思わざるをえませんでした。「なぜ石でできているディオニュソス像は活潑々《かっぱつぱっ》に腰が立っているのに、いちおう生きているはずの私は腰抜けの死坐しかできないのか？」　この問

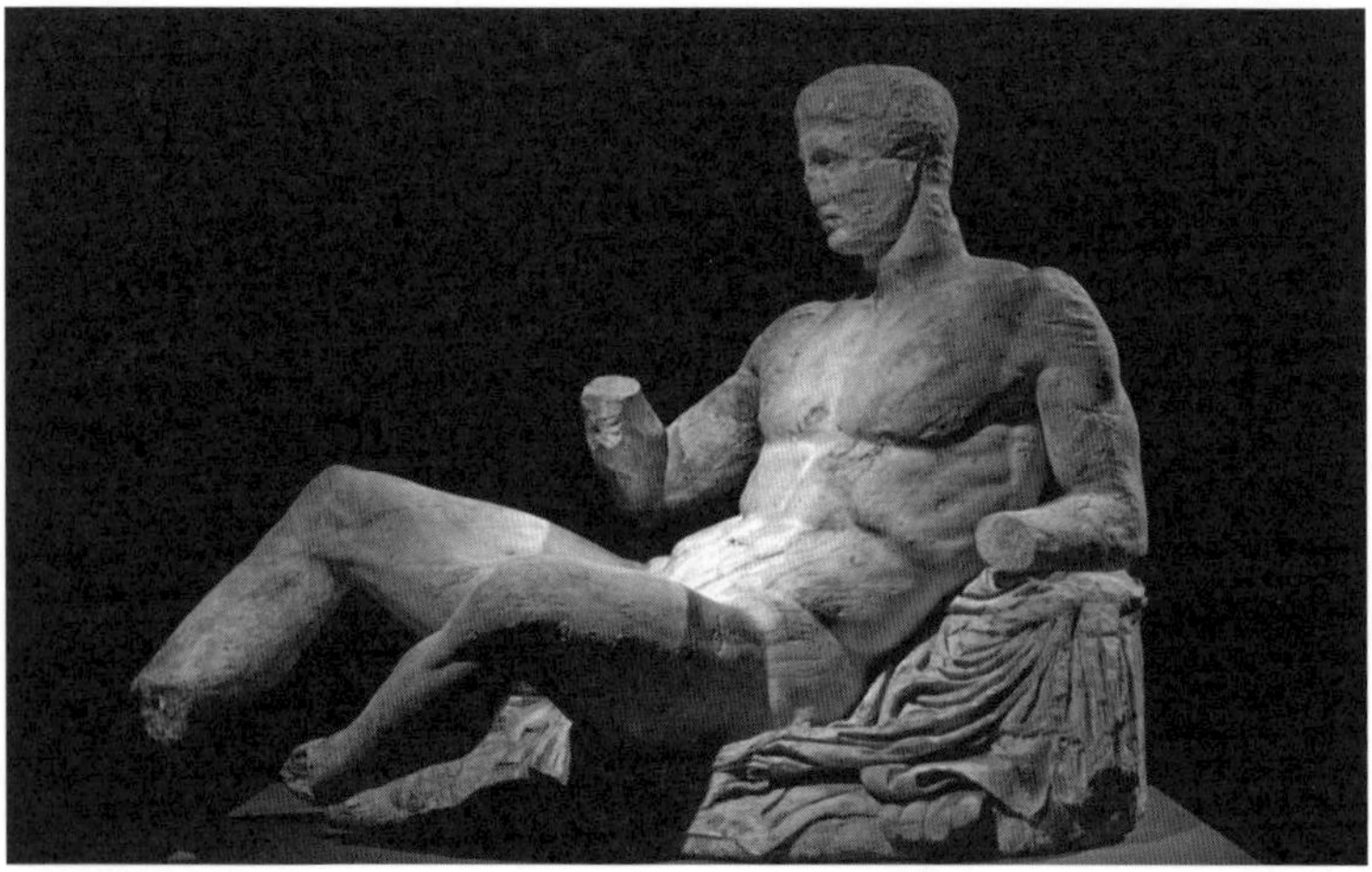

ディオニュソス像（大英博物館蔵）

いが突き付けられたことが、「身も心も放ち忘れる」という探求に向かう大きなきっかけとなりました。

一五〇度開脚し、上半身をベターッと床に着け、そしてありのままの体を感じながら、背骨を丁寧に立てていく体操を一万回以上は繰り返したのですが、ディオニュソス像の前でそれを行なうと、腰抜けなのは何も変わっていないことに気づかされてしまい、私は悩んでしまいました。

横田　どの身体技法でもされますね。※野口体操でも、脊椎を一つ一つ起きあげていくんだというように。

佐々木　本当に一所懸命やったんですけど、ちゃんと腰が立つようにはならなかったですし、また、日常生活にもつながらなかったのです。開脚して臍まで床に着き、「大地の声を聴く」「身体の声を聴く」「呼吸に耳を傾ける」などとやっているときは、本当に気持ちがいいのですが、上半身を立て起こしたとたんに腰抜けになってしまうのだったら、腰抜け坐禅にしかなりませんし、実生活にもつながらないですね。

旧版『坐禅のすすめ』で、※大森曹玄《おおもりそうげん》老師が「腰抜け坐禅は絶対に禁物です」と仰っていますが、この言葉を肝に銘じ、腰抜けを脱して、腰の立った真の坐禅ができるよう長年取り組んできました。ですが、私が行なってきた意図的な努力では「腰抜けだ」とディオニュソスから痛罵されたことが、腰の立った真の坐禅への道を歩む転回点になりました。

以前、老師が一度ディオニュソス像の姿勢を真似されましたが、その時に私は、ディオニュソスが私に突き付けている言葉は、老師にも突き付けられているのではないかと思いました。また老師にはこのことをお伝えしても大丈夫だという信頼がありましたので、失礼なことは承知の上で、「ディオニュソスの腰が立った姿勢とは違うと思います」とお伝えしたのです。

横田　いつ頃ですか、笑堂さんがディオニュソス像に、今までの姿勢を腰抜けだと言われたのは。

佐々木　初めて観たのは二〇〇七年七月ですので、今から二十一年前になります。

横田　じゃあ随分以前なんですね。

佐々木　そうなんです。二年間の僧堂生活を終え、その後大学に戻った後、本式の出家をする準備期間の時期に初めて観ました。ディオニュソス像を観て、すぐに「私の坐禅は腰抜けだ」と気づいたわけではなくて、最初は「何かすごいな」「活き活きと躍動しているな」くらいの思いでしたが、坐禅の道を探求すればするほど、繰り返しディオニュソス像を観れば観るほど、「お前は本来は大丈夫な人間なのに、なぜ腰抜けのままでいるんだ」という声がより痛切に響いてきています。今でもその声が聞えてきますし、ディオニュソスからの叱責と励ましは無限に深まっていくものだと今では確信しています。

横田　ところで、『禅文化』の連載は何年になりますか。

佐々木　「禅における心身について」ですね。八年くらいになりますね。

連載が始まったのは、藤田一照さんと対談した少し後で、あの頃の私はまだ「身体技法によって真の坐禅ができるようになる」と信じていました。それで、禅的な柔軟体操があるはずだ、それを確立しようなどと思って、「禅的柔軟」と仮に名づけて、真向法を私なりにアレンジしたような、腰を立てるための体操を作ろうと思っていました。ですが、今では、それは作り事で、「体操」や身体技法の次元に留まっていては、真に腰が立つことはないとわかりました。「但だ礼拝を行ずる」「仏様に自分を丸ごと差し出す」という真の礼拝行や祈りの次元に触れて初めて腰も立つのだと、ようやく気づいた感じです。

横田　自分も真向法を僧堂で修行していた頃に先輩から教わってね。まぁ確かに効果がないわけではない。慣れない坐禅を始めたばかりの人、畳の上になれてないような人が、股関節をある程度開ける方が、坐るのにいいんでね。

真向法協会の方から『真向一途』という本をいただいて、それを読むと、初代長井津《ながいわたる》という先生が、脳溢血で左半身不随になって、その不自由な身体で礼拝を繰り返すことによって、身体が治っていったというんですね。だから真向法もあの体操ではなくして、礼拝行というところに本当の本質があったんでしょうね。その礼拝を続けていこうという。あの方は確かお寺の生まれですよね。

佐々木　浄土真宗の勝鬘寺《しょうまんじ》というお寺です。

横田　「勝鬘経」を読んで、「頭面接足礼《ずめんせっそくらい》」でしたか、頭を足に接して礼拝する、それを夢中でやった。

佐々木　そのようですね。お医者さんにも見放されて。

横田　脳溢血で一生涯、左半身は動かないと言われたらしいですね。今の医療技術でも、ある程度は動けるようになるでしょうが、完全に復活というのは非常に難しいです。でも写真を見る限り、ほぼ普通になってられましたね。

佐々木　そうなんです。一日千回を三年繰り返して、実際百万回やって半身不随が完全に治った、と。単に身体の病気が治っただけでなく、心の喜びも得ますね。「ようし！　この福音の普及こそ俺の男としての納得のいった天職だっ」と生き甲斐にも目覚め、後にそれを真向法と名づけて、その普及に全身全霊を捧げますね。

先ほど老師が言われたように、「体操ではなくして、礼拝行」というところに真向法の本当の本質があるというのは、本当に大事なところだと思います。長井津先生ご自身も、「頭面接足礼」という礼拝行を百万回繰り返す中で救いに満ち溢れた体験をしたのであって、ただ体操を繰り返したのとは違いますね。私自身の体験でも、体操や身体技法として探求している間は真に腰が立つ道は開けませんでした。道元禅師が言われるように、仏の御いのちに打ち任せ、身も心も投げ放つ礼拝を行ずることが、即、腰が立った正身端坐になるということを強調したいと思っているところです。

横田　我々もお互いに研鑽させて貰いながら、今日も、なるほどなと思った一つです。

佐々木　「腰の部分を前へ」というような、体の一部分を技法的にどうするこうするではないわけですね。

横田　そうなんですよ、それをどう説明すればいいか難しいですね。

佐々木　実際に一緒に礼拝して、そこから始めると雲水の皆さんも変わったじゃないですか。だからまず礼拝ありき、礼拝の心が先ですね。自分を丸ごと差し上げる、供養する、その姿勢ですね。形だけ格好だけやってもだめで、自分を丸ごと差し上げる、供養する、その心と体の姿勢が即、腰が立った坐禅になると思います。

横田　では、あとで奘堂さんに実際にやってみて貰いましょうか。

佐々木　そうですね。まずは、身も心も投げ放って五体投地するところから始めるのがいいと思います。そして、両掌の上に仏様の御いのちを丸ごと頂いているあり方のまま身を起こす。背骨や腰をどうするとか、心をどうするとか、それらはすべて放ち忘れて、ただこの身を丸ごと投げ出し、仏様の御いのちを頂戴する。この礼拝の身心をただ行なうと、腰がピタッと決まるというか、迷いなく身が立っているあり方が実感しやすいと思います。この根本のあり方を、坐禅の時間だけでなく、食事中でも作務の時でも休んでいる時でも、常に貫いていくようにするのがよいと思います。

横田　そしてこれから坐禅する人に伝えたいと思うのは、苦行ではないということとです。それは藤田一照さんも奘堂さんも私も同じ思いなんですよね。しかし一照さんがよく言われるのは、「修行道場で坐禅嫌いを作ってしまう」と。人間はね、辛いことはやっぱりやりたくないですからね。

佐々木　「辛いことをするのが修行だ」と道場の指導的立場の人が思い込んでいると、命令されている間は、仕方なくそれをやりますけど、結果、坐禅嫌いを作るだけですね。

横田　坐禅に喜びを持つ、そういう人材を作っていかなければ、わが宗門にも将来はないと私は思っているんですよ。苦行に耐えただけだと、過去の自慢話でしかないわけで、そういうものに今の若い人たちは魅力を覚えないですよ。坐禅というのはもともと苦行ではないんだから、腰が立った状態が臨済の「活溌々地」なんですよ。

坐禅というのは固定してしまった死んだ形ではなくして、私は『臨済録』に「踞地金毛獅子《こじきんもうのしし》」とある、あれが禅定の姿だと思っているんです。「踞地金毛獅子」というのは、獅子がだらーっと昼寝しているんではないんですよね。いつでもパッと起き上がれる、四本の足に迫力を込めながら、じっと踞《うずくま》っている、それが臨済の坐禅であります。武士なんかでも、いつでもパッと刀を抜けるというようなね、あの気迫がこもったのが坐禅であって、ただ痛いのを我慢してジッとしているという発想を変えていけたらなぁという思いがあります。

佐々木　いま老師が言われたように、獅子が気迫に充ちた姿勢で常にいる、それが坐禅だというのは、私も全く同感です。武士が刀をかまえている時でも、相撲の力士が立ち合いをしている姿でも、気迫に充ちたまま、世界に立ち合い、同時に自分自身に立ち合っている姿ですね。これが礼拝と坐禅が一つになったところに通ずると思います。

横田　そういう躍動感というのが内になければいけないのに、どうもしても足や手を固めてしまっています。

佐々木　白隠《はくいん》禅師（一六八六～一七六九）も正受《しょうじゅ》老人（一六四二～一七二一）も繰り返し言っていますよね、「不断坐禅《ふだんざぜん》」と。

横田　そうそう不断坐禅。正受老人が白隠禅師に対して一番いわれたことですね。

佐々木　「世事紛然《せじふんぜん》」――やるべきことが多くてバタバタしている真っ只中でも、「七転八倒」――病気や心の苦痛で転がり回っているような時でも、「決して失うな」と徹底したことを語っていますね。

横田　確かに私どもも、「動中《どうちゅう》の工夫《くふう》は静中《じょうちゅう》に勝《まさ》ること百千万倍」と白隠禅師がたくさん書いていているから、作務《さむ》（禅寺での作業）も大事だっていうんだけれども、言っていながら、坐禅と日常の動きはどうしても別物になりがちです。そこを貫くのがやはり腰ですよね。腰が立っているということ、礼拝行ということ。

佐々木　坐禅とそれ以外が「別物」になっているときに、不断坐禅は失われてしまっています。別々にならないところに立ち返って、すべてを行じていくところで、但行礼拝・不断坐禅の道を歩んでいければ。

横田　その辺を自分で掴んでくると、飯台看《はんだいかん》（禅寺での食事の給仕係）をやっても、箒《ほうき》で掃いても、ゴミ取りしてても、草引きをしてても、貫けるはずなんですね。草引きでも姿勢が悪いのは、みんなしゃがんでやっています。坐禅は坐禅、草引きは草引きと別物になってしまいます。元来は公案の工夫によってひとつになっていくのですが、よほど意識しないとできません。そこを貫いていく礼拝の姿勢というんでしょうかね。

佐々木　礼拝の姿勢を貫いたまま、草引きをし、坐禅もする、これが但行礼拝であり、不断坐禅だと思います。五体投地から仏の御いのちを両掌に載せ起き上がった姿勢が、草引きの時でも腰に一番いいですね。草引きの時、腰が落ちて丸まった姿勢の人が多いと思うんですけど、それだと腰に負担がかかっていて、長時間やると腰を痛めますね。

以前、ぎっくり腰になってしまったことがあるんですけど、ぎっくり腰が治っていない時に、腰が落ちたままでいると、すぐに激しい痛みがおそってきます。腰を痛めている時でも、背骨をすべて放ち忘れて、ただ起き上がった礼拝の姿勢が一番良い腰のあり方になるのを確信しましたので、自信をもって誰にでも勧めています。

横田　あと、寝ているときもそうですね。私なんか、寝るときには坐禅を忘れて寝てたんだけど。でも、寝ているときも貫こうというのは、なるほどと思いましたね。

佐々木　老師もされているチベット式の五体投地のように、地面にただバンザイするように身を投げ出し、そこから起き上がろうとする気持ちに充ちている準備状態、あるいは実際に起き上がりつつある時のあり方、このあり方を失わずに寝ると、眠っている時の疲れの取れ方が全然違うと思います。休日などで一日に十時間以上寝ていると、腰が痛くなる場合も多いですけど、これは寝ていても苦行してしまっているからだと思います。寝ている時でも礼拝行

横田　を貫く道があるというのを、今日、雲水さんたちにもお伝えしました。ただ、それを写真でどこまで伝えられるかは難しいですけどねぇ。

佐々木　普通に行なわれている坐禅会の指導方法が間違っているとは決して言わないですし、悪いわけではありませんけれども、意識した形で腰を立てようとか、最初言ったようにお尻を後ろにして、腹を前に突き出してとかということよりも、もっと精神性というものを大事にしたいですね。自分を丸ごと差し上げるという礼拝の次元での精神性を大事にしていければと思います。

横田　寝ていてもできるということは、寝返りを打とうというこの動きがあればいい、ということなのですね。だからたとえ寝たきりのようになったとしても、寝返りを打とうというこの動きさえあれば、腰は立つという、ここは大きな気づきですね。本当に足が組めなくなって横になってばかりの暮らしになったとしても、寝返りが打てれば充分でなのですね。

佐々木　大森曹玄老師が、「行住坐臥《ぎょうじゅうざが》に腰を立てなければ、真実人体にならない」と旧刊『坐禅のすすめ』に書かれています。「臥」は寝た姿勢のことですけど、寝ている時でも腰を立てた真実人体を生きるのが坐禅だ、と四十年前に大森

横田　老師は明確に言われていますね。自分が思う「楽な姿勢」「自然な姿勢」で寝ていると、腰抜けのままの場合がほとんどだと思います。ですので、寝ていても、自由に寝返りが打てるような活きた姿勢であるのは大事だと思います。

佐々木　白隠禅師が批判された黙照禅《もくしょうぜん》や当時の不生禅《ふしょうぜん》もそうですけどね、白隠禅師の書かれているのを見ると、いわゆる、ありのままでいいんだ、って言ってぐだぐだ坐っていることに対する批判ですね。本来の盤珪《ばんけい》禅師（一六二二〜一六九三）の不生禅はちがったと思います。

横田　盤珪禅師ご自身は、弟子たちが安易に理解した不生禅とはまったく違っていて、あれかこれかの分別の次元以前の「不生の仏心」を積極的に生きるものと思います。

佐々木　もう死ぬか生きるかのところまで厳しい修行をしていって、貫いて貫いて、そして突き抜けた物があったんでしょう。

横田　盤珪禅師の後の人が、「このままでいいんだ、努力してる奴らはかえってダメなんだ」と、勝手な解釈をしてしまって、それを白隠禅師が「今このままでいいんだ」と自分で思うようなのは絶対違うと批判したわけです。

現代も「ありのままでいい」と言われることがあります。これも奘堂さん

佐々木　の講義で聴いたんですけれども、脳性麻痺の二人の子供の話がありましたね。脳性麻痺で歩けない同じぐらいの重度の症状の子供が二人いて、片方は一所懸命リハビリして、もう一人は、親とか指導者が「脳性麻痺で身体不自由なのもあなたの個性なのだから、無理して健常児にならなくていいよ、このままでいいよ」と言い、本人も「このままでいいんだ」と思って、リハビリを全くしなかった。

横田　確かに耳触《みみざわ》りはいいですね。それもいいんじゃないかなぁという気はしますけれども。

佐々木　二年後にたまたま会うときがあった。すると、リハビリしてた子は普通の人と同じくらい歩けるようになっていた。片や、このままでいいんだよ、個性を大事にするよと育てられた子は、症状が現状維持どころか、はるかに悪くなっていました。寝ていても腰がひどく反ってしまい、腰痛と肩凝りがどんどんひどくなり、布団で寝ているだけなのに、針の筵の上にいるような悲惨な状態になってしまったのです。それで、これはまずいと考えを改めて、それからリハビリをしていったのです。心を入れ替えたけれども、やはり二年間のブランクがあるから、戻るまでには大変だったと。「このままでいい

横田　「このままでいい」「これでいい」と自分で思ってしまうのは、自分で自分の可能性を発揮させず、自分に枠をはめてしまうことにもなり得ますね。

佐々木　「このまま」と「このままでいいと思う」のは、天地ほどの隔たりがありますね。

横田　「このまま」も「ありのまま」も、それ自体は何も悪くないですが、「自分はこのままでよい」と思う時には、自分の意識がそう判断しているわけですね。これは意識や分別の牢獄に入っている状態ではないか、という問題に気づいたことが仏教や禅の大事なところと思います。

佐々木　「ありのまま」という言葉は怖いですね。自分で都合のいいありのままにしてしまって、それは結局、自分自身を苦しめることになりますね。

白隠禅師にも影響を与えた※貝原益軒《かいばらえきけん》が、「普通にしていると、欲に流されるだけで、自分の首を刀で切って自害するのと同じことだ」と繰り返し述べています。先ほど述べた脳性麻痺の子が、普通にしていると、腰が歪んでいって自分をどんどん害していったように、「気を養う」という積極的な道を心掛けない限り、知らず知らず自害してしまっている、このことに気づくことは、人間の大きな目覚めの第一歩だと思います。益軒は、「つねに腰を正しく据え、気を養う」と、その根本対策も明確に述べていて、白隠禅師もこれをより深い次元で徹底していると思います。気を養う心掛けがないまま、「今のありのままでいいんだ」という意識の枠内に留まってしまうのでは、まずいことになると思います。

横田　ありのままというと、普段の姿勢が腰が抜けて曲がった状態で、生まれてから二十何年、大学を卒業して僧堂に行くような人でも身についてしまっていますからね。それをありのままでいいなんて言ったら、それは苦しむだけなんですね。

佐々木　現に災いを作っている姿勢だと思います。

横田　そうかといって、お尻を後ろにして腹を突き出すというと、無理に作った姿勢になってしまって……。

佐々木　無理に作った造作でもなく、自分の思う「ありのまま」でもなく、そのような次元の身も心も放ち忘れて仏の御いのちを生きる、この道を人とともに歩んでいければと切に願っています。

マインドフルネスとの違い

横田　ところで、マインドフルネスは流行ですね。いろんな事に考え込んでしまって、考えに囚われてしまっている人にとっては、導入としてそれは一つの方法としてありではないかと思いますが、奘堂さんとしてはどう思われますか？

佐々木　私も、とても効果のある一つの方法だと思っています。

横田　たしかにそれで大きな効果を得られるという人があるのは事実でしょうしね。いろんなことばかり考えてしまうような人たちには、とにかく呼吸を見つめましょうとか、感覚をみつめましょうとか指導することはよいと思います。

佐々木　身体や呼吸や地面を感じたり、みつめたりすることで、心や呼吸が落ち着くという効果が実際にありますし、ひどく悩んでいる時や腹が立っている時などに、マインドフルネスを実践すると実際的な効果があるのは確かだと思います。

横田　それと禅とはどうだと考えますか？

佐々木　自分の呼吸や身体を「ありのままに見る・感じる」、それはそれで良いとして、それですまない次元の問題が人生にはありますね。「ありのままを見る、それを良いことだと思ってやっているお前はそもそも何なのか？」「遠からずして必ず死んでいくお前は、この問題を何と心得るのだ？」というような人生の根本問題への、少しのごまかしもない真正面からの取り組みが、お釈迦様あるいは六祖《ろくそ》慧能《えのう》禅師からの禅にはあるように思います。

横田　とくに慧能以降の禅は、心で心を操作しようということを非常に嫌いましたね。むしろそれを否定する形が六祖以降の禅の特徴として出てきますよね。

佐々木　「心で心をどうにかする」というのでは届かないものがあるという問題に明確に気づいたのが、六祖慧能禅師だと思います。あるいは日本では盤珪さんでも、心で心を静めようとするのは、血で血を洗うようなもので、最初の血はおちるかもしれないけど、後の血が残るだけで、どこまでいっても堂々巡りだと言われています。その堂々巡りの心を無くそうともせず、そのままに放ち忘れた次元での、本来の心・仏心への目覚めが禅にはあるように思います。

横田　そうですね。マインドフルネスというと、いろんなことの観察に重きをおいてますよね。逆に禅の修行というのは集中の方が強いですね、無の一字になりきる集中とか。こればかりに偏るのも問題の所はありますけれども。しかし、私が危惧するのは、しっかりとした集中ができていないと、観察は一時的な効果はあったとしても、またその観察が新たな観察を生んで、苦しみを生み続けるということになる恐れがあるのではないかということです。

佐々木　その恐れは本当にあると思います。マインドフルネスや瞑想の分野では、「観察している心は良い心」みたいな前提があるように思えます。ですが、この時点で、観察される対象と、観察している心が二つに分かれていますし、「では観察しているお前は何なんだ?」の問いは残りますね。どこまでいっても、血で血を洗うような堂々巡りを抜け出せない恐れは現にあると私も思います。「観察する」という方向では届かない問題がある。これに対して、身も心も放ち忘れる礼拝＝坐禅をただ行ずるというあり方で端的に取り組むのが、禅ではないかと私は思っています。

横田　ちょっと今の話とはつながらないのかも知れませんけども、NHKで※蓑《みの》輪《わ》顕《けん》量《りょう》先生がお話し下さっている「瞑想でたどる仏教」という番組があります。この前、「公案禅《こうあんぜん》」のことで、私のところに取材に来てくれたんです。そこで「禅の修行ではどうしてあんまり観察ということをやってないんですか」って聞かれてね。たしかにあんまり、あれこれ意識を観察するとか、外の物を観察するとかやらないけれども、坐禅というのは、一所懸命集中して集中して研ぎ澄まされていくと、自然と今まで聞こえなかったものまで、例えばあの鳥の声とか外の世界がありありと見えてくることがあるんだと。それは観察しようとするんではなくして、向こうの方からありありと露わになってくると。それを大事にしているんであって、ただ観察ばっかりしていると今言ったように、観察で観察を作り出すわけです。

盤珪さんが血で血を洗うというふうに言ったものは禅の言葉で「塗糊《とこ》」（塗りたくること）といいますけれども、いろんな物を塗りたくるということになるんじゃないかと懸念して、それでひたすら純一に、「無になる」（一つに集中する）ということを重きにおいて、それで自然と観察の方が露わになってくるという言い方をしました。

佐々木　禅の修行では「観察」をあまりしないのはなぜか、という蓑輪先生のご質問ですが、「ありのままを観察する」でも、あるいは「雑念をなくそうとする」でも、心で心をどうにかしようとする点では一緒ですね。老師が先に引用された道元禅師の言葉で「こころをもつひやさずして」とありましたが、観察したり、雑念をなくそうとしたりなどと「こころをつひやさずして」、今の自分を丸ごと仏の御いのちに投げ放つことを端的に行なうことが禅の道かなと思えています。

横田　そういう風に観察をするというのは、おそらくやはり慧能以来、心で心を制御しよう、観察しようっていうのは作り物だと否定してきたのでしょうね。

佐々木　「観察」という行為自体を、六祖慧能禅師や臨済禅師が否定しないでしょうが、「観察」というのは心の用い方の一つですね。心も言葉も、一つの道具、ツールと言えると思います。道具の使い方を身につけていくことはとても大事なことですが、人間はともすると本末転倒して道具の奴隷になってしまいがち、という大問題があると思います。お釈迦様や慧能禅師は、その人間の根底にひそんでいる大問題に気づいたのだと思います。この大問題は、心の技術的な方法に熟練する方向で取り組める問題ではなく、身も心も投げ放つ礼拝をただ行ずる以外に道はないように思います。この次元のことと、マインドフルネスが役に立つ特定の技術・道具であるというのは矛盾するものではないと思います。

横田　はじめに言いましたように、マインドフルネスは導入部分としては非常に優れているとは思います。私なんかも僧堂でマインドフルネス講座をよくやってもらうんです。それはモチベーションが上がるからなんですよ。だっていいことばっかり言ってくれるでしょ。実際の治療の現場でも効果があるとか、鬱病の薬を減らせるとかね。そういうのを若い人たちが聞くと、ああ自分たちの坐禅にはこういう可能性や魅力があるんだという風に、ポジティブに捉えていくんですね。

佐々木　明確なステップガイドがあって、練習していくとステップアップしていきますから、モチベーションが上がるのもよくわかります。

横田　ただ自分たちの坐禅がどういうものか何もわからずにやるのもいいんでしょうけれども、今どきの人はね、目に見える何かが欲しいのですよ。そうすると頑張ろうという気になるんですよ。で、頑張ってもらって、禅はそのもう少し先にもまだ何かあるんだよっていう、そういう導き方がいいんじゃないかなと思います。

佐々木　そう思います。目に見える何かで頑張ることはとても大事だと思いますし、やりがいもありますね。それと同時に、ただ身も心も投げ放つ礼拝行と不断坐禅が一体となった道を常に行じていければと思います。このことで、いつどこで何をしていても、仏の御いのちに生きる道を歩んでいけると思います。

横田　いつでもどこでも何をしていても貫ける坐禅を、お互いに続けてゆきたいですね。

【注釈】

※陵禅会＝東京大学の坐禅サークルで、七十年近い歴史を持つ。月に一度、龍澤僧堂（静岡県三島市）の師家が指導に来られる。

※鈴木大拙＝一八七〇～一九六六。日本を代表する仏教学者で、アメリカに渡って禅についての著作を英語で著して海外に広く知らしめたことで知られる。日本語の著書も多数。大谷大学名誉教授。晩年は鎌倉に住して松ヶ岡文庫にて研究生活を送った。

※西田幾多郎＝一八七〇～一九四五。日本を代表する哲学者の一人で京都学派の創設者。京都大学名誉教授。鈴木大拙と旧知の仲であった。

※西谷啓治＝一九〇〇～一九九〇。京都学派の宗教哲学者。京都大学名誉教授。文化功労者。西田幾多郎の優れた弟子

の一人。
※上田閑照＝一九二六～二〇一九。京都学派の宗教哲学者。京都大学名誉教授。
※井上洋治＝一九二八～二〇一四。神奈川県生まれ。東京大学哲学科を卒業後フランスのカルメル会修道院で七年半に修道。西欧には西欧の、東洋には東洋のキリスト教のとらえ方があることを学び、帰国後、イエスの福音の原点に立ち返ってキリスト教を捉え直して布教することに生涯を費やした。遠藤周作と深い交流があった。
※岡田式静坐法＝岡田虎二郎によって創始された心身修養法。
※河合隼雄＝一九二八～二〇〇七。心理学者。京都大学名誉教授。国際日本文化研究センター名誉教授。文化功労者。
※相国寺＝臨済宗相国寺派の大本山。京都市上京区。山内に相国僧堂がある。
※片岡仁志＝一九〇二～一九九三。教育学者。労作教育の実践者として名高い。
※梶谷宗忍＝一九一四～一九九五。相国僧堂の大津櫪堂老師に嗣法し、相国僧堂師家、相国寺派管長を歴任。室号は止々庵《ししあん》。
※有馬頼底＝一九三三年、東京生まれ。大津櫪堂老師に嗣法。相国寺山内の大光明寺住職、一九九五年に相国寺派管長に就任。室号は大龍窟。
※藤田一照＝一九五四年、愛媛県生まれ。曹洞宗僧侶、国際布教師。翻訳家でもある。

※結跏趺坐＝坐禅の脚の組み方。略して結跏とも。右足を左足の股の上に載せ、また左足を右足の股の上に載せるというふうに両足を組む。片方の足だけを載せるのを半跏趺坐という。

※目黒絶海＝和歌山県由良町の興国寺の師家。横田南嶺老師が少年の頃、初めて参禅を経験した老師。

※清閑院＝臨済宗妙心寺派。横田南嶺老師の生家の近くにあり、ここで老師は初めて坐禅をされた。

※常不軽菩薩品＝釈迦如来が前世の姿とされる常不軽菩薩として登場する『法華経』第二十章。常不軽菩薩は自分自身がいくら誹謗され迫害されても、それに対して対抗することはなかった。

ちなみにあの有名な宮沢賢治の「雨にも負けず」は、この菩薩のように生きたいと思って謳ったものである。

※山田無文＝一九〇〇～一九八八。室号は通仙洞《つうせんどう》。天龍僧堂の関清拙に嗣法した。妙心寺塔頭霊雲院住職、花園大学学長、神戸祥福僧堂師家、禅文化研究所所長、妙心寺派管長を歴任。昭和期を代表する臨済宗妙心寺派の僧。

※関精拙＝一八七七～一九四五。室号は青峨室。天龍僧堂の橋本峨山、のちに神戸徳光院の高木龍淵に参禅し嗣法。大正十一年（一九二二）に天龍寺派管長に就任。

※ディオニュソス像＝古代ギリシャの彫刻家フィディアスによる彫刻。パルテ

ノン神殿のために造られたもので、現在は大英博物館蔵となっている。

※野口体操＝野口三千三《みちぞう》（一九一四～一九九八。東京芸術大学名誉教授）が提唱した健康法。「人間の一生における可能性のすべての種・芽は、現在の自分のなかに存在する」として、自分も含めて誰も気づいていない無限の可能性を見つけ育てる体操を考案した。

※大森曹玄＝一九〇四～一九九四。天龍寺の関清拙、のちに関牧翁《せきぼくおう》に参じて嗣法。山岡鉄舟ゆかりの東京・高歩院住職、その後、花園大学学長も勤めた。また直心影流剣術第十五代・山田次朗吉の弟子でもある。

※貝原益軒＝一六三〇～一七一四。江戸前期から中期の儒学者、博物学者、庶民教育家。

※蓑輪顕量＝一九六〇年、千葉県生まれ。仏教学者で日蓮宗僧侶。現在、東京大学大学院人文社会系研究科教授。

※本稿は、二〇二二年七月十二日、大本山円覚寺にて収録しました。

佐々木奘堂和尚推奨の坐禅の姿勢

坐禅の本質は、身体技法ではなく、「礼拝行」です。

「坐禅」とは、「(身も心も放ち忘れ) 自分を丸ごと仏様に差し上げた姿」であり、同時に「(身も心も放ち忘れ) 仏の御いのちを頂戴する姿」であり、「礼拝 (頂戴)」と一体です。

「頂戴《ちょうだい》」とは、大切なものを恵みで賜り (もらい受け)、それを「上にあげる」ことで、大切にし感謝する心が身体的にも表現された姿、礼拝の姿です。

「身も心も放ち忘れる」とは、「腰」「背骨」「足」など「身」へのこだわりや、「思い」「感情」「感覚」など「心」へのこだわりも、すべて脇へおくこと (どうあろうがなかろうがかまわないこと) です。

身も心も放ち忘れ、全身を投げ出して、「仏の御いのち (最も大切なもの) を頂戴する」ときに、「足腰でしっかり立ち起きる」「上半身に無駄な力が入らずに安定する」「気が充実する」が自ずと実現します。

礼拝の心 (姿勢) が、「腰の立った坐禅」「歪みのない端正な坐り (正身端坐)」を作るのです。

この「但行礼拝」「不断坐禅」という根本姿勢を、いつどこで何をしている時でも行じていきましょう。

【「但行礼拝」の一つの型（五体投地から跪坐《きざ》へ）】

- 礼拝行の基本：「身も心も放ち忘れ、ただ自分の足（腕も含む）で起き上がり、仏の御いのちを頂戴する」

①五体投地（全身）

自分を丸ごと地面に投げ放ちます。両腕はバンザイのように投げ放ちます。上半身も投げ放ちます。足の指で軽く立ち踵を自由にします。

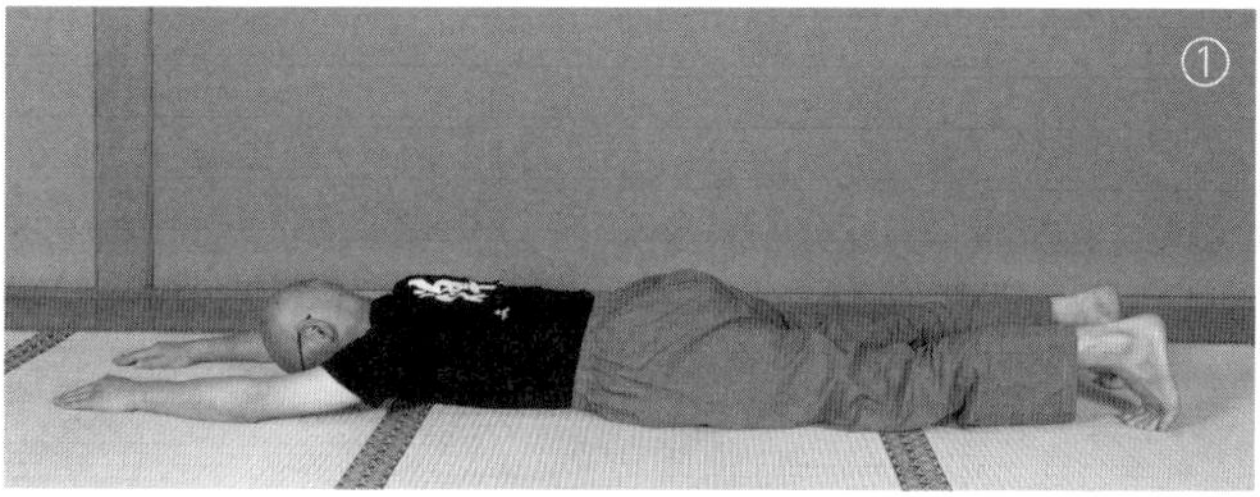

②ただ起き上がっていきます。ひじを肩の下に滑り込ませていきます。

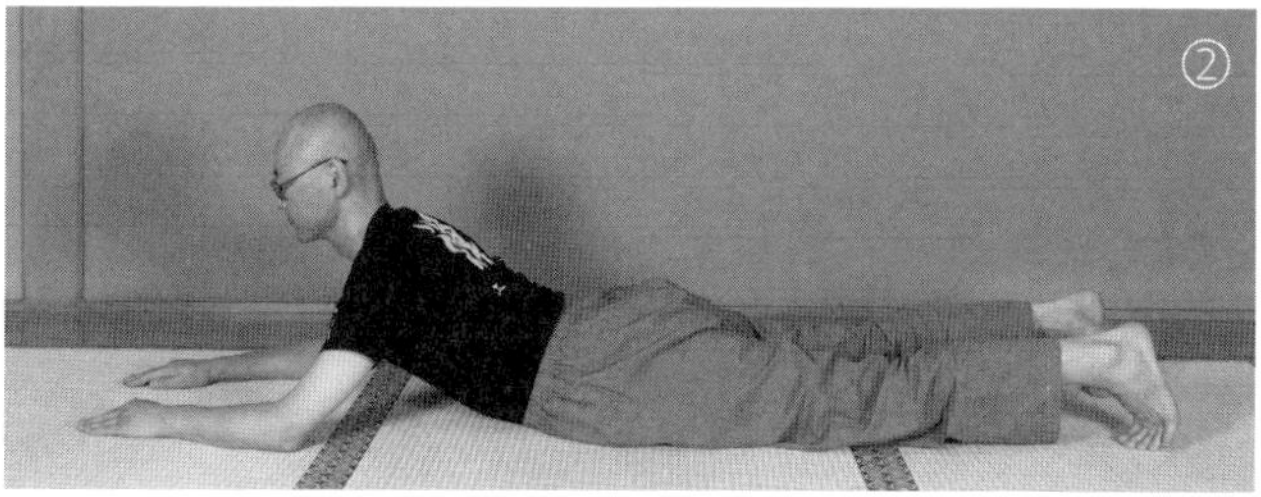

③両掌を胸の下に滑り込ませ、起き上がる準備状態。

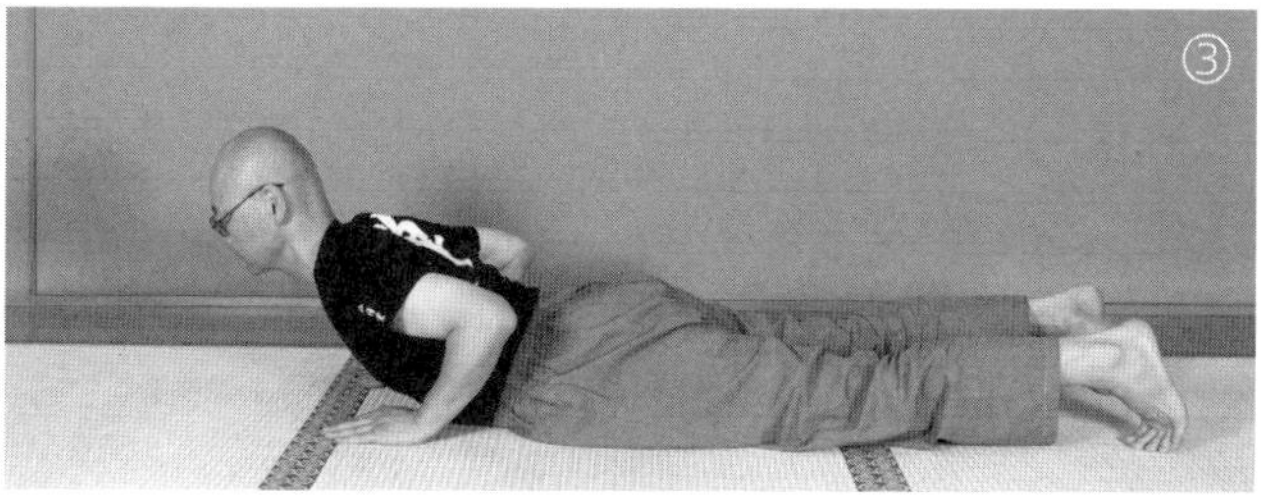

【上半身を投げ放った吊橋状態のまま起き上がる】

④両腕で起き、上半身（背骨）は吊橋状態（上半身を投げ放ったまま）。

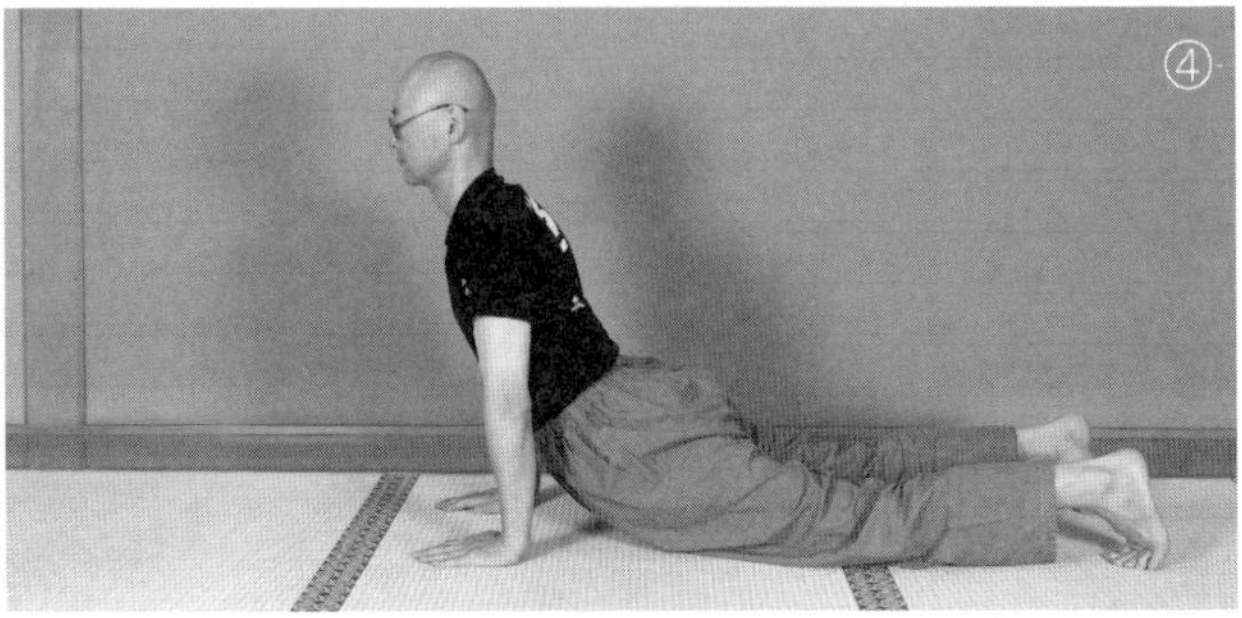

⑤（膝立ちでの）五体投地

両腕はバンザイのように前方に投げ出します。背骨は吊橋状態。

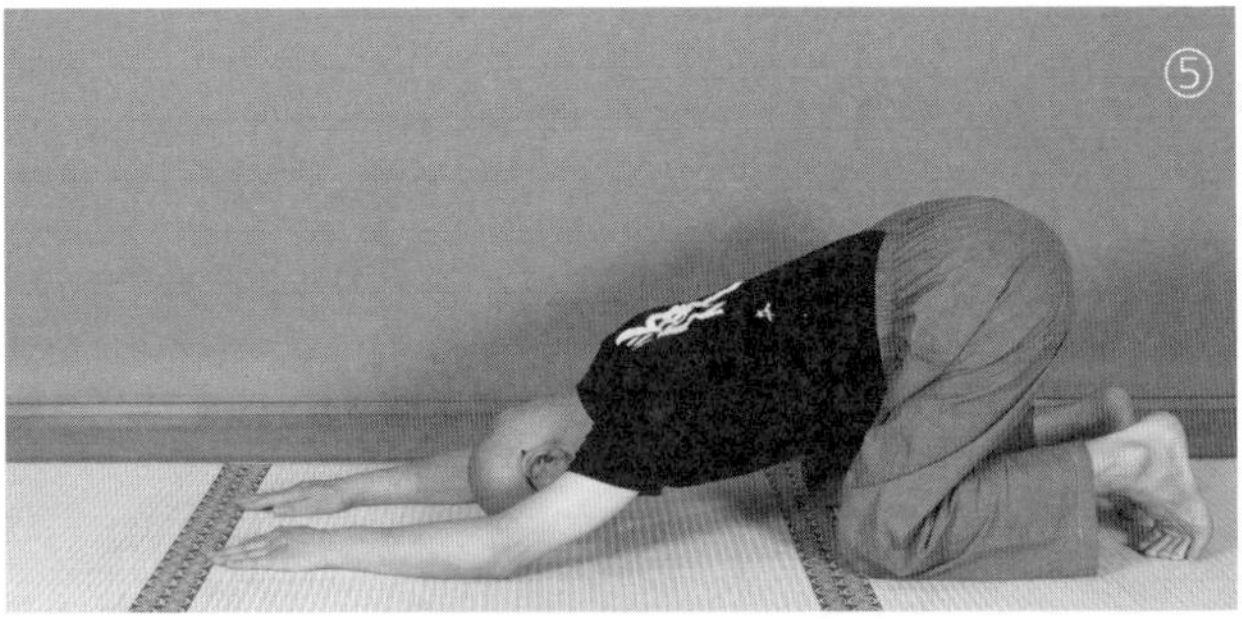

⑥身（上半身）を放ち忘れたまま、ただ起き上がっていきます。

【跪坐《きざ》（片膝立《かたひざだ》ち）】

⑥で、手が床から離れる直前で、左足を少し（15センチほど）前へ出し、膝が少し上がるようにします。

「跪」は「ひざまずく」という意味ですが、積極的に、膝と足（母指球と指）でしっかりと「立つ」ことが大事です。

この姿勢が、歪みのない立ち方や坐り方の基本となります。

このままブレないようにスッと立ち上がることもできますし、坐禅へも移れます（次頁）。

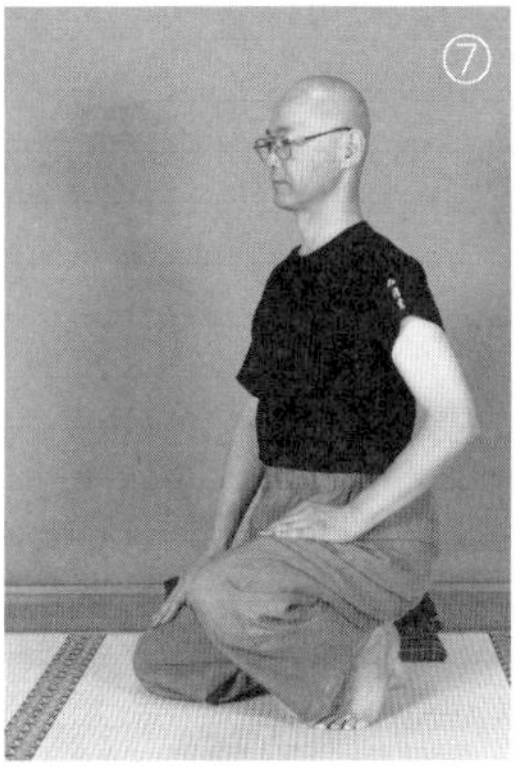

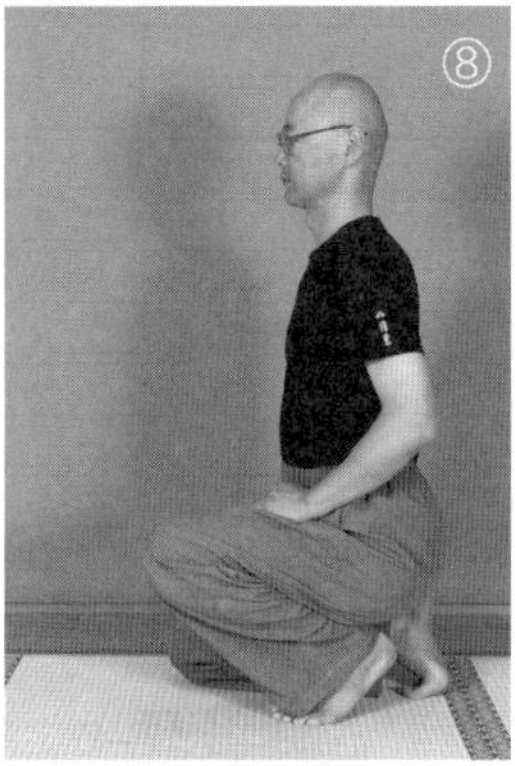

【跪坐から坐禅へ】

跪坐（片膝立ち）の姿勢から、基本（根本）を失わずに、坐禅の姿勢に移ります。

右手のげんこつをしっかり床（坐蒲）に着け、上半身を安定させたまま、尻を下げていきます。

貫いている基本（根本）：

背骨（上半身）は、完全に投げ放った状態（吊橋状態）のまま、足（腕・手を含む）でしっかりと立ち起きていること。

この基本は、①から⑨で行なった姿勢（礼拝行）でも全く同じです。

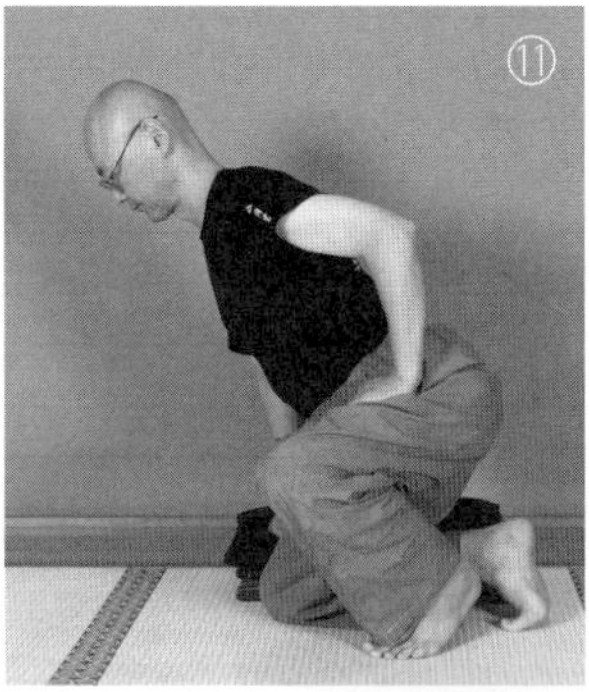

【跪坐から坐禅へ（続き）】

右手のげんこつに、しっかりと上半身の重さをのせたまま、右足大腿骨（太もも）の付け根を床（坐蒲）に着けます。

片膝立ち（⑦⑧⑨）では、足（母指球と指）と片膝で上半身を立ち起こしましたが、「坐禅」では、「大腿骨（太もも）の付け根」で主に重さを受けます。

「太ももの付け根」で「立つ」感じです。

⑬

⑭

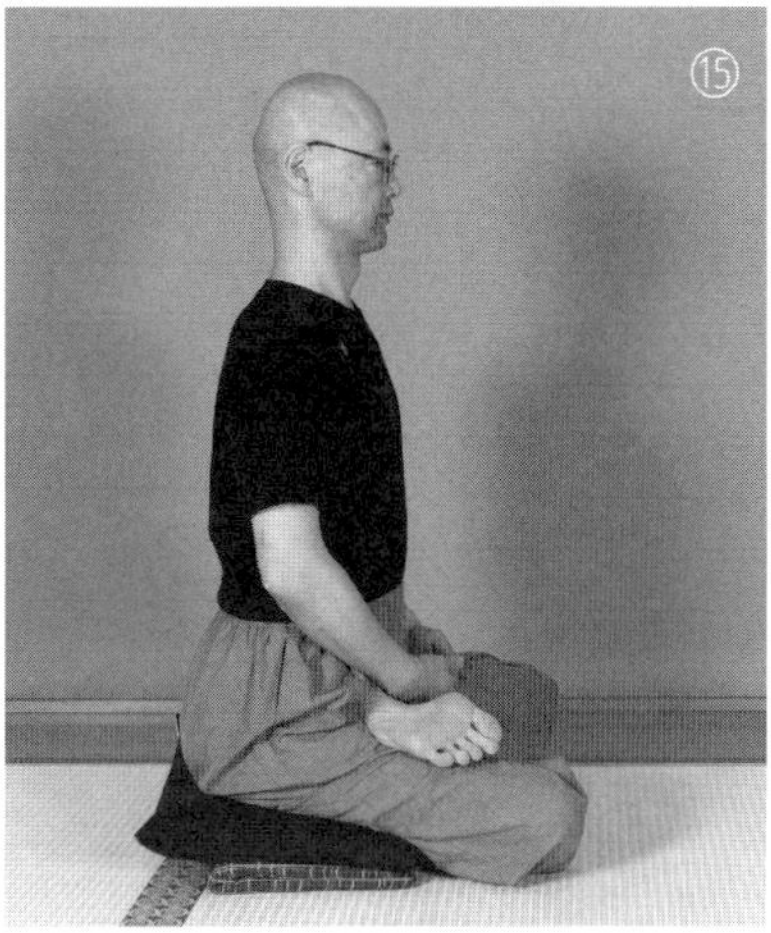
⑮

【坐禅】

上半身は完全に投げ放ったまま（吊橋状態のまま）、「足」で立ち起きているあり方です。

ここでの「足」は、大腿骨（太もも）の付け根で主に体重を受け、膝、すね、くるぶし等が軽く床に着いています。

手を軽く上下に重ね合わせ、掌の上に、仏の御いのちを頂戴し、同時に自分を丸ごと差し上げているあり方です。

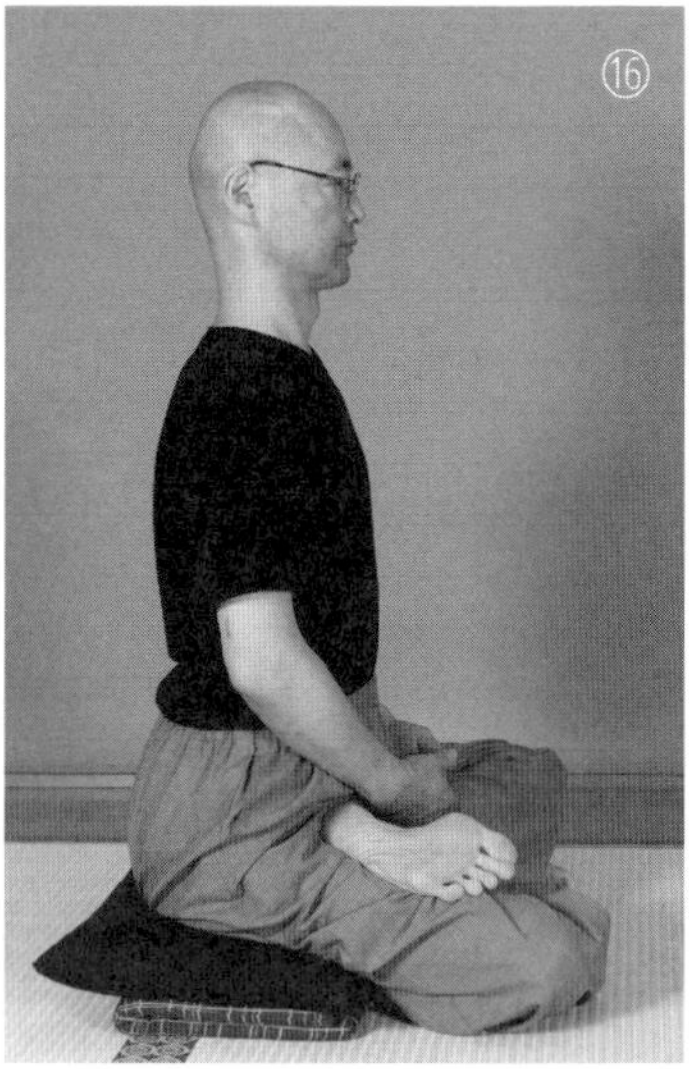

【跪拝《きはい》：跪坐で礼拝（頂戴）の姿勢】

掌を前方へ差し出し、「自分を丸ごと差し上げる」＝「仏の御いのちを頂戴する」という礼拝の心が、具体的な形となった姿勢です。

掌に、「命の水」を注いでもらうイメージもよいです。「命の水をこぼさないように大切に頂く」「人にも大切に注ぎ与える」という礼拝の心が、「投げ放たれた背骨（上半身）」「安定した足腰」を作り上げます。

【坐った姿勢で礼拝（頂戴）の姿勢】

⑳のように、掌を前方に差し出す跪拝の姿勢（前頁の⑱⑲）のまま坐禅の姿勢へ移るのもよいでしょう。

㉑㉒㉓のように、左の方向、正面、右の方向とどの方向へも、掌を差し出し、「仏の御いのち（または命の水）を大切に頂戴する（人にも注いで分け与える）」という礼拝の心が、腰の立った坐禅の姿勢を作ります。

【よくない例】

㉔だらっとした跪坐

「足でしっかり立ち起きる」という気持ちが失われています。

㉕上半身に無駄な力の入った跪坐

「腰骨を前へ」「背筋をまっすぐ」と意識すると、このような姿勢になりがちです。身（背骨や腰）を意識することは不用で、身を放ち忘れ吊橋状態のまま、足でしっかり立ち起きていることが大事です。

㉖投げ放たれていない五体投地。これは⑤の悪い例。背骨や肩に無駄な力が入っています。地面にバンザイをするように身を放り投げましょう。

【坐禅での悪い例】

㉗は、すぐに陥りがちな「だらけた坐禅（腰抜け坐禅）」。普通に坐るとこのようになります。気分もだらけて、身体（健康）にもよくありません。
㉘は、だらけた姿勢ではよくないので、「腰を立てよう」「腰骨を前へ」と頑張ると、このような坐禅になります。これも坐禅をする人によく見られる姿勢です。一見すると良い姿勢のようですが、上半身（骨・筋肉・内臓・血管等）に負担がかかっており、体に良くない姿勢で、長時間続けると害が出ます。
㉙「だらけた坐禅」「腰を反りすぎの坐禅」という二つの間に「正しい坐禅」があると思われている場合も多いです。悪くはないのですが、「だらける・がんばる・その中間」という二元論の枠に縛られている坐禅だと思います。この閉じたあり方を抜け出て、「身（上半身）を放ち忘れ、自分を丸ごと差し上げ、仏の御いのちを頂戴する」という礼拝の心（姿勢）が、二元論の枠を超え、仏の御いのちと一体である坐禅を実現させます。

なお、坐禅の姿勢のままでも（寝たり、膝立ちしたりの動きをしなくても）、110頁に記したような基本（根本）に立ち返ることで、腰の立った正身端坐へと立て直すことが可能です。

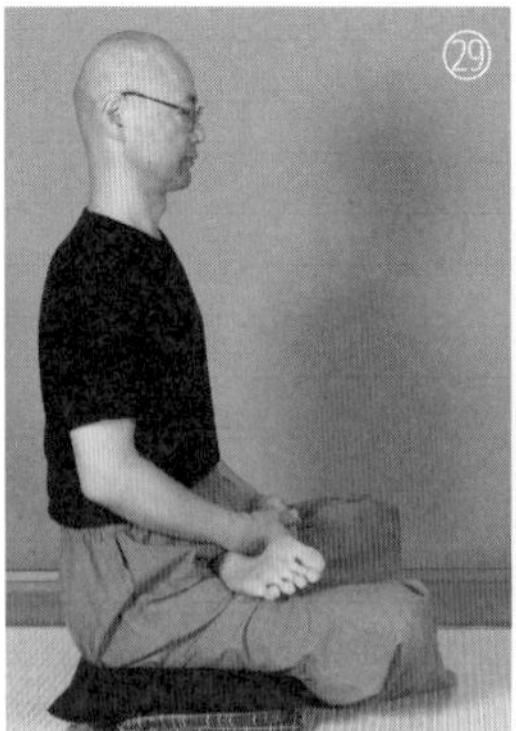

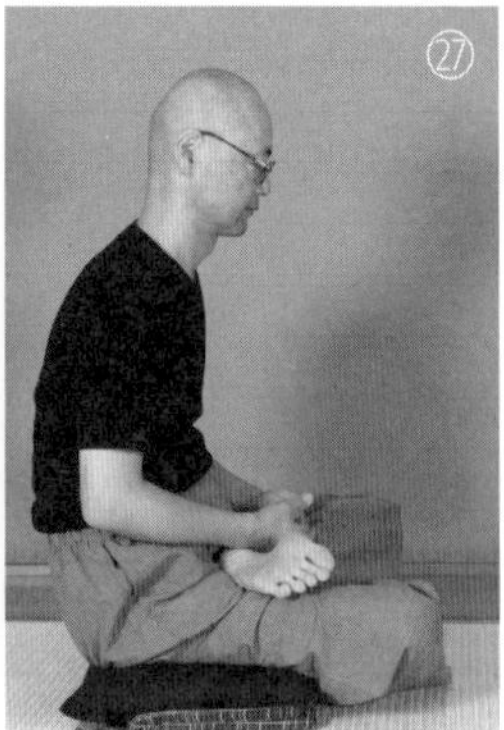

文献にみる坐禅の変遷

花園大学国際禅学研究所客員研究員
駒澤大学専任講師
舘　隆志

坐禅とは——インドから中国へ

禅とは、サンスクリット語の「dhyāna」（パーリ語「jhāna」）の音写であり、坐して行なわれたので坐禅と漢訳された。およそ二千五百年前、インドのシャーキヤ（釈迦《しやか》）族の王子ゴータマ・シッダールタは、王城を抜け出して長らく苦行を中心とした修行を行なう（写真1）。

しかし、苦行では悟ることができずにこれを捨て、インド・ガヤの地の菩提樹《ぼだいじゅ》の下で坐禅をし、悟りを開いて仏陀《ぶっだ》（覚《めざ》めた者）となった。この地は、後に仏陀の悟った地としてブッダガヤと名づけられ、仏跡として寺院が建立され、現在は世界中の仏教徒が巡礼する仏教の四大聖地の一つとなっている。

写真１　「釈迦苦行像」複製（建長寺蔵）

仏陀が悟りを得た行法であることから、仏教において坐禅は主要な修行方法として用いられた。そして、インドから中国へ、中国から日本へと坐禅という行法が伝わったのである。

古来の行法として坐禅が存在していたインドとは異なるが、律蔵には坐禅のことが記されているので、中国でも古くから坐禅は行なわれていたとみられる。そして、実際に六世紀前半頃にインドから中国に渡った菩提達磨《ぼだいだるま》（達摩）は、坐禅を行法の中心として布教した。

ほかにも、六世紀後半に天台宗の智顗《ちぎ》（五三八～五九七）が『摩訶止観《まかしかん》』を撰述して止観（坐禅）を勧めているし、また、七世紀から八世紀にかけて伝来した密教で行なわれた「阿字観《あじかん》」も坐禅の一種である。

この中でも、坐禅の歴史に特に大きな影響を与えることになったのが達磨である。その後、達磨を祖とする集団は、いくつかの系統に分かれて展開し、後に禅宗と呼称されるようになった。中国では唐代にはすでに坐禅は仏教の行法として一般的であったが、禅宗の隆盛によって、坐禅は禅宗とともに理解されていくこととなる。

坐禅の日本への伝来

日本に禅が伝来したのは、入唐して玄奘三蔵《げんじょうさんぞう》（六二九～七〇〇）より禅の伝道を勧められ、帰国後に飛鳥寺（元興寺）で「禅苑」を営んだ道昭《どうしょう》（六二九～七〇〇）や（『続日本紀』文武天皇四年三月条）、天平八年（七三六）に来日し、律と禅を修した道璿《どうせん》（七〇二～七六〇）の頃まで遡ることができる（『内証仏法相承血脈譜』所収『道璿和上伝纂』）。

また、天平勝宝五年（七五三）に来日した律僧の鑑真《がんじん》（六八八～七六三）は、日本に戒律を伝えた僧として知られるが、東大寺戒壇を設立した鑑真の像は坐禅の姿で残されている（写真2）。

その後、最澄《さいちょう》（七六七〜八二二）が入唐して天台宗や密教や禅宗を学び、帰国して比叡山を中心に活動する。最澄の師である行表《ぎょうひょう》（七二四〜七九七）は、道璿の弟子であり、最澄は入唐前から坐禅に触れていたと思われる。いずれにしても、最澄の像もまた坐禅（止観）の姿で伝えられている。

最澄の滅後に、比叡山戒壇が設けられたことも特筆すべきで、鎌倉時代頃までは、日本では東大寺系三戒壇（東大寺・下野薬師寺・大宰府観世音寺）か比叡山戒壇でしか受戒することはできなかった。その戒壇の基礎を作った鑑真と最澄の二人の像が坐禅姿で残されていることは、坐禅が当初の日本仏教にとって基本的な修行形態であったことを物語っている。

写真２　国宝「鑑真和上坐像」（唐招提寺蔵）図録『日本仏教美術名宝展』（奈良国立博物館）より転載

そうして、鎌倉時代に栄西《えいさい》（一一四一〜一二一五）、道元《どうげん》（一二〇〇〜一二五三）などをはじめとした禅僧たちによって、改めて坐禅が将来されることとなった。

坐禅の姿は、右足を左の腿《もも》の上に、左足を右の腿の上に安じる結跏趺坐《けっかふざ》と、片方の足のみを安じる半跏趺坐《はんかふざ》と呼ばれる二つの足の組み方があり、両の掌を所謂「法界定印《ほっかいじょういん》」（写真３）という形で組んで足の上に置くのが基本である。ただし、「法界定印」はインド式が左手が下になるのに対し、中国式（禅宗・天台宗）は右手が下になる（写真４）。

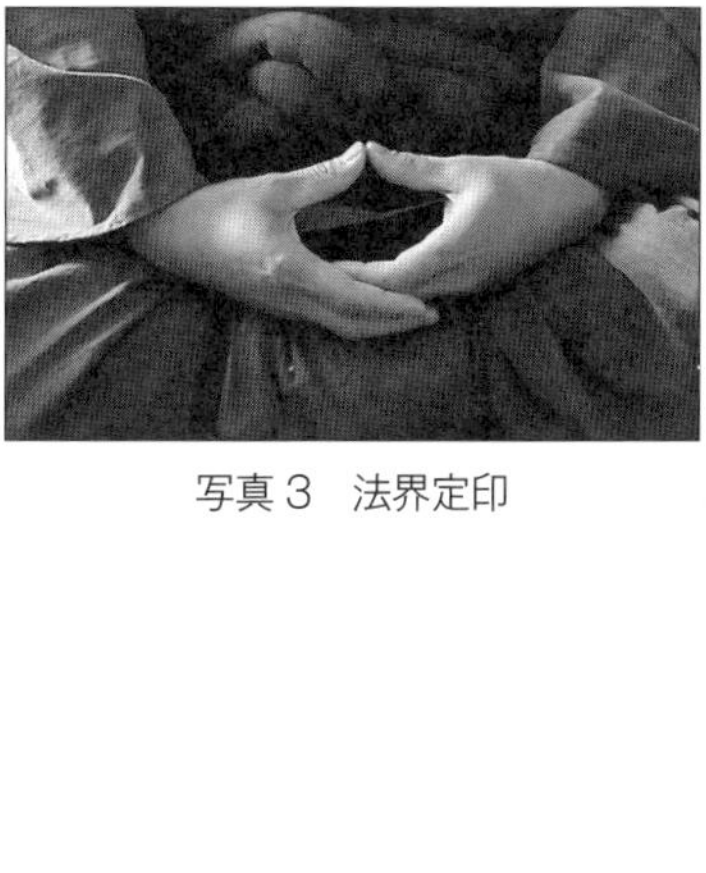
写真３　法界定印

写真４　「明庵栄西坐像」（部分・寿福寺蔵）

このように、「法界定印」は、禅宗では『坐禅儀《ざぜんぎ》』に、天台宗では智顗の『天台小止観』にあるように右手を下が基本であるが、律宗や密教では左手を下が基本であったようだ。たとえば、兵庫県の一乗寺に伝わる天台高僧像（国宝）のうち、最澄は右手が下（図1）、円珍（八一四〜八九二）は左手が下で描かれており、禅も行じていた最澄と、密教を主体とする円珍とでは描き方に相異が見られるのである。

東寺の僧侶・杲宝《ごうほう》（一三〇六〜一三六二）の『開心抄』に「問、禅僧結定印下右上左、今真言師反之、両伝是非如何」（大正蔵七七・七四二c）という質問が収録されていることは注目されよう。密教と禅宗での坐禅中の手の形「法界定印」が異なるのは、当時から知られていたことであったようだ。

図1　国宝「天台高僧像」最澄（部分・一乗寺蔵）画像提供 奈良国立博物館（撮影 森村欣司）

禅宗の坐禅——面壁と公案

坐禅は、インド仏教では基本的な行法であり、唐代以降の中国仏教においても一般的な行法の一つであったと言ってよいだろう。それでは、禅宗の坐禅と、律宗や天台宗との坐禅になにか明確な相異があったのであろうか。

現存最古の禅籍『二入四行論《ににゅうしぎょうろん》』には達磨の禅法として「凝住壁観」と記されており、ゆえに達磨は「壁観波羅門」とも称されるようになった。すなわち、「壁観」は達磨の禅法を象徴する言葉であったことになる。

この「壁観」は必ずしも「面壁《めんぺき》」を指す言葉ではなかったが、後に「壁観」は「面壁」と同一視されるようになった。達磨を祖とする禅宗の記録に、「面壁」の言葉が現われるのは、唐代の黄檗希運《おうばくきうん》（?～八五〇?）の『宛陵録《えんりょうろく》』に「達摩面壁」（大正蔵四八・三八七a）とあるのが最初であり、唐代以降は、禅宗で面壁していた可能性が示唆されている。そして、ついには「面壁」そのものが禅僧の坐禅を指す言葉として用いられていたらしい。

「面壁」は文献上「達摩面壁」に遡るものであり、律宗や天台宗などをはじめとした諸宗の史料に集団修行での「面壁」の言葉は見いだせない。すなわち、面壁坐禅は禅宗の特徴の一つだったのである（図2）。

図２　面壁する達磨
（国宝「慧可断臂図」斉年寺蔵）

中国で後世まで伝わった禅宗の宗派に臨済宗と曹洞宗がある。その宗祖である臨済《りんざい》義玄《ぎげん》（?～八六六）は「臨済喝《かつ》」、洞山良价《とうざんりょうかい》（八〇七～八六九）は「洞山五位《ごい》」と呼称される指導を行なったが、唐代における両宗派の相異は、個々の思想を別とすれば、あくまで法脈と指導方法によるものであった。

その後、宋代になると所謂「公案禅」が流行する。祖師の悟りの機縁を課題として、坐禅修行として参究するのである。この公案禅は、曹洞宗・臨済宗ともに行なわれるようになり、宋代以降の禅宗ではそのすべてが公案禅となり、以降の禅宗の特色ともなった。その中から臨済宗の大慧宗杲《だいえそうこう》（一〇八九～一一六三）の「看話禅《かんなぜん》」が流行し、対比する形で曹洞宗の宏智正覚《わんししょうがく》（一〇九一～一一五七）の禅は「黙照禅《もくしょうぜん》」と呼ばれた。以後、この呼称は両宗派の相異として理解されるようになる。

ただし、大慧の「黙照を許さずと雖然《いえど》も、須要《すべから》く人人面壁すべし（雖然不許黙照、須要人人面壁）」（『大慧普覚禅師語録』巻四「上堂」（大正蔵四七・八二八b））との言葉からは、北宋代を代表する臨済宗の大慧も曹洞宗の宏智も面壁であり、文献上から宋代以降の禅者は等しく面壁をしていたと判断されるのである。

鎌倉時代における坐禅の伝来

日本では鎌倉時代に改めて禅宗の坐禅が導入された。この時代の日本の僧侶にとって、坐禅が特段珍しいものであったのか否かは文献上は明確にできない。文献上、中世の天台宗で禅宗の坐禅が行なわれていなかったことが示唆されていても、それは禅への対抗意識の為であったとも言えるし、文献の上では天台の「止観」が直接的に否定されているわけでもないからである。また、少なくとも京都東山の律宗の泉涌寺《せんにゅうじ》（現真言宗泉涌寺派）では俊芿《しゅんじょう》（一一六六～一二二七）によって坐禅が行なわれていたし、華厳宗の明恵《みょうえ》（一一七三～一二三二）も樹上の坐禅姿の肖像画が残されている（図3）。

図３　国宝「明恵上人樹上坐禅像」（高山寺蔵）

しかしながら、鎌倉時代に禅を導入した僧侶たちは、その多くが坐禅に関する書物を記した。道元の『普勧坐禅儀《ふかんざぜんぎ》』、蘭渓道隆《らんけいどうりゅう》（一二一三～一二七八）の『坐禅儀《ざぜんぎ》』『坐禅《ざぜん》論《ろん》』、心地覚心《しんちかくしん》（一二〇七～一二九八）の『坐禅儀』、瑩山紹瑾《けいざんじょうきん》（一二六四～一三二五）の『坐禅用心記《ざぜんようじんき》』などである。坐禅の解説書は鎌倉時代に著述が集中していることから、禅宗の坐禅はこの時代にとって新しいものであり、禅僧たちはこれを特別なものとして位置づけようとしていたように思われる。

ただし、鎌倉時代に記された坐禅の解説書通りに坐禅をしても、心の用い方など内面の相異はあれども、見た目の上では当時の諸宗派で行なわれていた坐禅と同じである。では、禅宗の坐禅と諸宗の坐禅は何が異なっていたのであろう。

鎌倉時代、栄西によって臨済宗が、道元によって曹洞宗が将来されて以降、さらには蘭渓道隆、無学祖元《むがくそげん》（一二二六～一二八六）をはじめとする中国僧の来日によって、南宋時代の中国の禅が日本に将来され、定着することとなった。

曹洞宗の道元は、中国に留学して禅を学んで日本に伝えたが、留学中に天童山《てんどうざん》で学んだ坐禅は面壁坐禅であり、その著作の中でも四時坐禅の際の面壁坐禅を義務づけている。そして、日本で実践し伝道したのも面壁坐禅であり、その後の瑩山紹瑾も面壁坐禅を行じていた。現在の曹洞宗の坐禅はこれを受け継ぐもので、これこそが曹洞宗の特色ともなっている。

道元が参じた栄西も天童山などの中国にあって面壁坐禅をしていたことを自ら記していた。さらに同じ時代に活躍した蘭渓道隆や円爾《えんに》（一二〇二～一二八〇）、そして二人の中国における師である無準師範《ぶじゅんしぱん》（一一七七～一二四九）、南北朝期の夢窓疎石《むそうそせき》（一二七五～一三五一）までことごとく面壁坐禅をしていた記録が残っている。

また、鉄庵道生《てったんどうしょう》（一二六二～一三三一）は、入院法語で修行僧を前にして「面壁の宗猷《しゅうゆう》を振るい起こす」（『鉄庵和尚語録』「乾明山万寿寺語録」）と述べている。「面壁」は達磨、「宗猷」は宗旨のことを指し、達磨の宗旨を盛んにするという意味であるが、「面壁の宗猷」との言葉は、面壁坐禅が日常の修行であったことを物語っている。

ここで取り上げた鎌倉時代の僧侶は、道元と瑩山以外は総て臨済宗の僧侶である。すなわち、鎌倉時代においては、中国でも日本でも、曹洞宗も臨済宗も、集団の修行生活で面壁坐禅を実践していたことになる。面壁坐禅を集団の修行生活として行なっていたのは、中世の日本では曹洞宗と臨済宗のみであり、「面壁」は中世禅宗の特徴の一つだったのである。

江戸時代の坐禅

江戸時代前期に活躍した臨済宗妙心寺《みょうしんじ》の僧侶で、無著道忠《むじゃくどうちゅう》（一六五三〜一七四四）という禅僧がいる。学識に極めて優れたため「学聖」と呼ばれ、後に妙心寺住持にもなったが、この人によって興味深い記録が残されている。

無著は、江戸時代に中国からやってきた禅僧たちが、面壁坐禅をしていなかったことを記録しており、坐禅は初祖達磨にならって面壁すべき旨を述べている。中国の禅僧とは言うまでもなく黄檗宗の僧侶であって、黄檗宗の僧侶たちが自分たちとは異なり面壁坐禅をしていないことを記録しているのである。

また、江戸前期の臨済宗を代表する僧侶の一人に盤珪永琢《ばんけいようたく》（一六二二〜一六九三）がいるが、その法を嗣いだ潜嶽祖龍《せんがくそりゅう》（一六三一〜一六八六）の伝記には、「面壁兀坐」していたことが記されている。現在の臨済宗は、そのすべてが白隠慧鶴《はくいんえかく》（一六八五〜一七六八）の法を受け嗣いでいるが、その白隠の在世中は、妙心寺をはじめとして、臨済宗でも面壁坐禅が行なわれていたのである。

宋朝禅を守っていた日本では面壁坐禅のままであったが、中国ではいつのまにか、壁を向かない坐禅が行なわれていたようであり、江戸時代に日本に輸入されたとみられる。

いつから面壁しなくなったのかは､現在までに判明していない。そもそも､現在「対面坐禅」「対坐」などと呼称されている面壁しない坐禅が、いつからそのように呼ばれたのか、当時どのように呼ばれていたのかさえ文献からは判らない。中国の文献にも、日本の文献においても、今のところそれらしき文献を見いだすことができていないのである。

さらに、この変革を大きく取り上げた当時の史料は管見の限り存在しない。どこかにある可能性はあるが、史料の伝存状況からしても、大きな議論にはならなかったようである。これは、江戸時代以降は、坐禅が諸宗で行なわれなくなった、あるいは諸宗における坐禅の比重が下がったことと無関係ではあるまい。

いずれにしても、日本において江戸前期までは曹洞宗、臨済宗ともに面壁坐禅をしていたことになる。そして、江戸時代までは面壁坐禅は禅宗の特色の一つでもあったようだ。その後、しばらくして臨済宗も対面坐禅に変わっていくが、これは江戸時代に新たに伝わった黄檗宗の影響をも受けてのことであった。

まとめ

坐禅は、インドで行なわれていた仏教の行法であり、中国を経由して日本に伝来した。また、達磨を経由した禅宗の坐禅には、後に面壁という特徴が付加されることとなった。面壁は唐代以降の禅宗の特色ともなり、宋代以降は公案禅が花開いた。

日本においては、道璿・最澄の頃の坐禅の様相については明確ではないが、鎌倉時代に面壁坐禅が将来され、やはり禅宗の特色の一つとなっていたようである。そして、江戸時代の黄檗宗の伝来によって面壁しない坐禅が中国からもたらされ、臨済宗の坐禅は一大変革がなされることとなった。

釈尊の坐禅、達磨の坐禅、唐代の坐禅、宋代の坐禅、鎌倉時代の坐禅、江戸時代の坐禅はそれぞれ異なる一面があるが、時代に応じ考え方に応じて取捨選択され、現在にその姿を伝えている。そして、日本においては、坐禅こそが禅宗の特色として理解されるようになったのである。

［参考文献］

○廣田宗玄「看話禅における禅定の一様態―大慧宗杲の「壁観」理解を通して」『印度学仏教学研究』五十三―二、二〇〇五年
○舘隆志「鎌倉期の禅林における面壁坐禅」『曹洞宗総合研究センター学術大会紀要』十二、二〇一一年
○舘隆志「鎌倉期の禅宗における法界定印」『曹洞宗総合研究センター学術大会紀要』十三、二〇一二年
○舘隆志「江戸期の禅林における面壁坐禅」『曹洞宗総合研究センター学術大会紀要』十四、二〇一三年

※本稿は、季刊『禅文化』二四七号（二〇一八年一月発行）所収、「文献にみる坐禅の変遷」を転載したものです。

禅宗用語解説

＝……同意語
↓……参照語
⇕……対比参照語

ここでは、禅寺や坐禅会で使う用語を簡単に解説します。

【あ行】

挨拶《あいさつ》
挨は「迫る」、拶は「切りこむ」こと。師匠と弟子との問答のやりとりのこと。今では日常語にもなっている。

行脚姿の雲水

網代笠《あじろがさ》
行脚《あんぎゃ》や托鉢《たくはつ》のときに用いる。

阿羅漢《あらかん》
羅漢は略称。一切の煩悩を断滅し、なすべきことを完成した人。

行脚《あんぎゃ》
広く諸方に師匠を求めて旅をすること。

安居《あんご》
釈尊の時代に、雨季の期間は無益の殺生を避けるために、一ヶ所に止住して修行したことを安居という。現在の僧堂では、年中「安居」であるから、夏に限らず一年を二期に分け、二月から七月までを雨安居《うあんご》、八月から一月までを雪安居《せつあんご》という。

安単《あんたん》
自分の坐禅する場所（↓単《たん》）に着座すること。

行履《あんり》
祖師の行動行状のこと。

行録《あんろく》
祖師の行状をしるした記録。

石盥《いしだらい》
洗面、手洗いのための用水入れ。豆《まめ》柄杓《びしゃく》に一杯の水で口をすすぎ、顔を洗わねばならないことになっている。

韋駄天《いだてん》
伽藍《がらん》、食物の守り神とされ、庫裡《くり》に祀《まつ》られている。いわば常住の守り神。

一夏《いちげ》
僧堂での修行生活は半年が一単位となっており、これを一夏という。

一箇半箇《いっこはんこ》
「一人でも半人でも」との意。きわめて少数のこと。

一炷《いっしゅ》
炷というのはもともと線香などを数

える数詞に添える語で、香の一くゆりという程の意。現在では線香一本の燃えつきる時間、約四十分間を一炷という。「いっちゅう」とも読む。

維那《いのう》

法要のとき、誦経《ずきょう》の先導や回向《えこう》文を諷誦《ふじゅ》する係。

印可《いんか》

印信許可。師が弟子に法を授けて、弟子が法を得て悟りを開いたことを証明認可すること。

引磬《いんきん》

直日《じきじつ》が大衆《だいしゅ》の行動を指示するのに用いる「鳴らしもの」の一つ。柄のついた小磬《しょうけい》。

引磬

隠侍《いんじ》

師家に直接つかえ日常の世話をする侍者。＝三応《さんのう》

陰徳《いんとく》

陰事行《いんじぎょう》ともいう。人知れず大衆のためになることをして、徳を積み心力をたくわえること。

隠寮《いんりょう》

師家または長老の居所。

雨安居《うあんご》

↓安居《あんご》

烏樞沙摩明王《うすさまみんのう》

不浄を転じて清浄にする徳をもつ神といわれ、東司《とうす》（便所）の護り神として祀られる。

うどん供養《くよう》

うどんをふるまうこと。食事のときは一切音をたててはならないが、うどんをすする音だけは例外的に許容される。

雲水《うんすい》

修行僧のこと。行雲流水のように淡々として一処に止住《しじゅう》せず、天下に正師を求めて、遍歴することからいう。雲衲《うんのう》ともいう。数量的に大衆《だいしゅ》ともいう。

雲衲《うんのう》

雲水。衲は衣とか、繕うの意。すなわち、破れ衣をつくろって着ている修行僧のこと。

雲版《うんぱん》

もともとは寺などで用いる楽器の名。雲の形に鋳付けた青銅板で、庫裡《くり》にあって、僧に食事を報ずる鳴らしもの。薬石（夕食）には、雲版の代わりに大柝木《おおたく》をもって報ずる。

雲版

会下《えか》
一人の師家のもとに教えを求めて集まった修行者の総称。すでに僧堂を巣立った人たちも含めていう。会中、門下とも。

回向《えこう》
廻転趣向《かいてんしゅこう》の略。善根功徳《ぜんごんくどく》を行なって衆生に施すこと。一般には法要、誦《ず》経《きょう》などをして亡者を仏道に入らせることをいう。

衣鉢《えはつ》
修行者が常に所持している三衣（袈裟）一鉢（食器）のことで、僧の持ち物の中で最も重要なもの。転じて宗旨、奥義のことをいう。また、伝法のしるしに師の袈裟と鉄鉢を弟子に授けたことから、法を伝えることを「衣鉢を伝える」という。

園頭《えんず》
菜園を管理する係。

延寿堂《えんじゅどう》
延寿寮とも。病に伏す修行者が療養するところ。＝病僧寮

円成《えんじょう》
円満に成就すること。十二分に成果をあげて終わること。

遠鉢《えんぱつ》
遠方まで托鉢に出かけること。

大四九《おおしく》
十四日と晦日のこと。この日は朝日の射すまで寝忘れ（朝寝）ができ、剃髪《ていはつ》後、半日がかりで大掃除をする。

午後は私用外出することもできる。

【か行】

開講《かいこう》
講座を開くこと。

開静《かいじょう》
起床。開定とも書くが、正しくは開静。

解制《かいせい》
安居《あんご》の制を解くこと。

開枕《かいちん》
開被安枕《かいひあんちん》の略。解定《かいちん》とも。被はふとんのことで、ふとんを開いて枕を安んずるの意。臥具《がぐ》をのべ就寝すること。

開板《かいはん》
夜明け、日没に板を打って、消灯、点灯の時間を告げること。障子に映る手の影が肉眼で見える見えないが目安とされる。↓板《はん》

開浴《かいよく》
浴室を開いて入浴すること。原則として四九日《しくにち》にある。

掛錫《かしゃく》
行脚の雲水が僧堂に入ることを許され、錫杖《しゃくじょう》（つえ）を壁の鉤《かぎ》に掛けること。つまり、雲水が僧堂に入門すること。＝掛搭《かとう》

加担《かたん》
本山などで開山忌などが行なわれるとき、役配を受け手伝うこと。また

一般に手伝うの意。荷担とも書く。
＝加役《かやく》

活作略《かつさりゃく》
作略は師家が弟子を導くために用いる方法、手段のこと。いきいきとした適切な手段。

掛搭《かとう》
搭は搭鈎《とうく》、すなわち、ものを釣る鈎《かぎ》のこと。初めて叢林《そうりん》に入る者が、衣鉢袋を僧堂の単の鈎に掛けたことから始まり、修行僧が一定の寺に止《し》住《じゅう》することをいう。＝掛錫

家風《かふう》
家のならわし。その家で世々相伝している風習、あるいは雰囲気のこと。転じて禅宗では指導者が修行者に対してとるおのおの独自の指導法。家風が歴史的な用法であるのに対して、境界《きょうがい》はより心理的な意味を含み主観的な心の状態をさす。

加役《かやく》
手伝うこと。＝加担《かたん》

看経《かんきん》
経を黙読する、または経を低声で読誦すること。

雁行《がんこう》
雁が空を飛ぶときのように整然と列をなして歩くこと。雲水が托鉢に出向くときなどにこのような列をなす。

喚鐘《かんしょう》
独参のときに参禅者を一人一人呼ぶ

ために鳴らす鐘。通常は朝晩の二回鳴らされる。参禅者は順番を待ち、老師の室に入る前に喚鐘を二つ叩いてから入る。

喚鐘

閑栖《かんせい》
隠居した禅僧のこと。

款接《かんせつ》
本山行事のときに、信者や参拝客を接待したり、給仕したりする係。

看頭《かんとう》
食事の時の監督役。看頭の鳴らしものの合図で、飯台看《はんだいかん》（給仕役）も大衆もいっさいの動作をすすめる。

看話禅《かんなぜん》
師から与えられた公案を参究工夫して大悟に至ろうとする修行方法。総じて臨済宗の修行法。＝公案禅

看板袋《かんばんぶくろ》
僧堂名を染め抜いた頭陀袋《ずだぶくろ》のこと。
↓頭陀袋

看板袋

勘弁《かんべん》
禅僧が修行者の力量、素質を試験すること。

帰院《きいん》
僧院に戻ること。＝帰山

亀鑑《きかん》
修行の手本、模範となることが書かれている祖録のこと。

規矩《きく》
規則のこと。

喜捨《きしゃ》
施すこと。浄財を喜んで施すこと。捨には報いを求めないという意がこめられている。

起単《きたん》留錫《りゅうしゃく》
起単は僧堂から転出すること。留錫は僧堂に残留すること。一夏《いちげ》が終わると雲水は役位の前に呼びだされ、起単か留錫かを問われる。

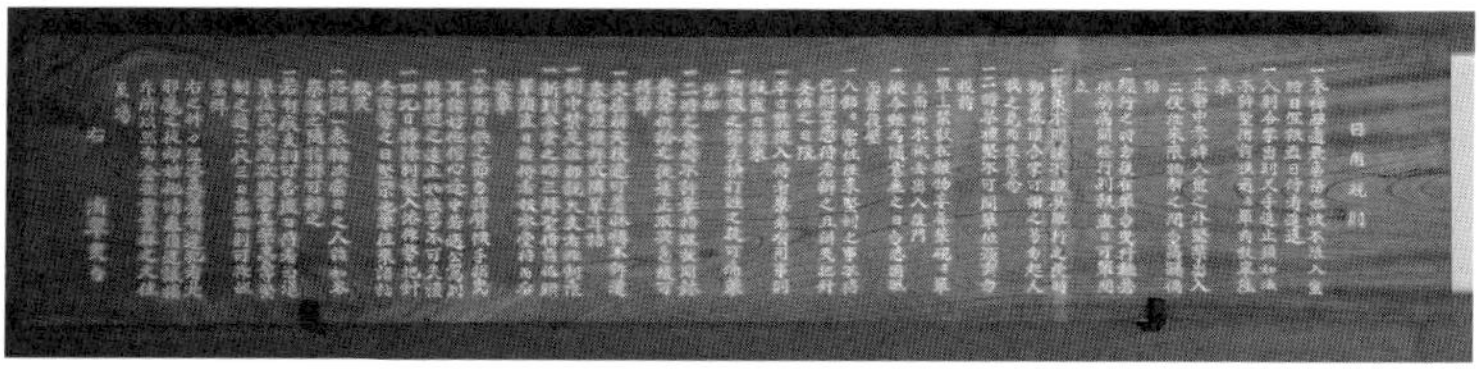
日用規則

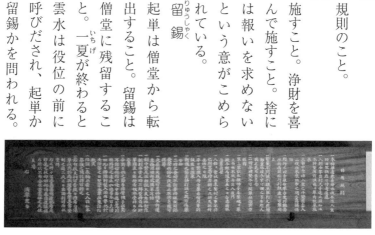

その際にその間の〝勤務評定〟をされたりする。

疑団《ぎだん》

修行中に起こる宗教上の疑問。

久参《きゅうさん》

長い間修行している人。⇕新参《しんざん》、新到《しんとう》

旧随《きゅうずい》

すでに僧堂を出た僧で、現役中に評席をしていた者をいう。

饗応《きょうおう》

檀信徒から馳走をふるまわれること。

境界《きょうがい》

修行して到達した心の状態。境涯とも。

行住坐臥《ぎょうじゅうざが》

行住坐臥を四威儀《しいぎ》というが、日常の立ち居振る舞いすべてのこと。「立っても坐っても」「いつも」の意。

暁鐘《ぎょうしょう》

明け方を知らせる鐘。

行道《ぎょうどう》

誦経しながら堂内を巡ること。

経行《きんひん》

坐禅のとき、睡気を防ぎ、足の疲れを休めるために行なう歩行運動。禅堂の周囲などを巡って歩く。

供給《くきゅう》

食堂において給仕をすること。

工夫《くふう》

修行に精進し、公案を究弁すること。

庫裡《くり》 台所のこと。

偈《げ》 →偈頌《げじゅ》

警策《けいさく》 警覚策励《きょうかくさくれい》するための棒。

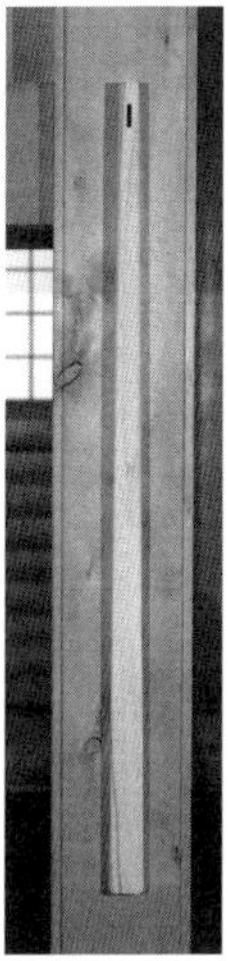
警策

袈裟文庫《けさぶんこ》 雲水が行脚中に携行する荷物入れ。中には袈裟を入れ、その前に、持鉢、経本、

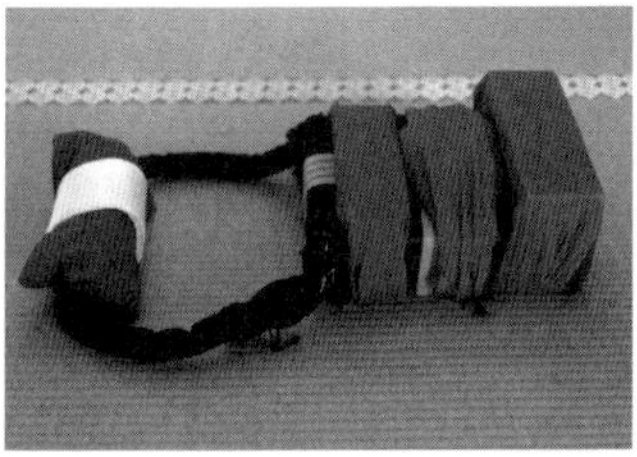
袈裟文庫

カミソリを包んだ風呂敷づつみをゆわえつける。

偈頌《げじゅ》 偈ともいう。漢詩の形体をとった法語のこと。

結跏趺坐《けっかふざ》 結跏ともいう。坐禅のときの坐りかたの一つ。左右の趺（足の甲）を反対側の腿の上に交結して坐ること（片足のみを腿に安んずることを半跏趺坐《はんかふざ》という）。→半跏趺坐

結制《けっせい》 安居の制を結成すること。→安居《あんご》 ⇔解制《かいせい》

玄関《げんかん》 言妙なる（仏）道に入る関門。転じ

て公案、禅門に入ることをもいう。

見解《けんげ》

修行者が師家の室内で呈する自己の悟境の表現。公案への見方、解答でもある。簡潔な言葉や動作で示される。理論にわたらぬことが大切である。見処ともいう。

見性《けんしょう》

自性（自己の本心）を徹見すること。自己の生死《しょうじ》の問題、または祖師の公案を契機として頓悟《とんご》すること。開悟《かいご》ともいう。

現成《げんじょう》

眼前にあらわれている、すべての存在のありのままのすがた。あらわれること。

検単《けんたん》

師家または直日《じきじつ》が堂内を一巡して、坐禅の様子を点検すること。

鉗鎚《けんつい》

鉗は金ばさみ。鎚は金づち。いずれも鍛冶が鍛錬に用いる道具であるが、転じて、師家が修行者を鍛錬すること。

軒鉢《けんぱつ》

一軒ずつ軒並みに托鉢をすること。

↓托鉢《たくはつ》

御案内《ごあんない》

大接心中などに、まだ解答を見出せない新参者を、無理矢理参禅に駆り立てる荒療治のこと。

公案《こうあん》

元来は公府の案牘《あんとく》という意、つまり国家の法令または判決文をさす。祖師の言行や機縁を選んで、天下の修行者の規範としたもので、全身心をあげて究明すべき問題のこと。修行の正邪を鑑別する規準でもある。公案中の緊要の一句を特に話頭《わとう》ともいう。

更衣《こうえ》

衣がえのこと。六月一日（あるいは五月十五日）には夏用の麻衣《あさごろも》、十一月一日（あるいは達磨忌〈十月五日〉や十月十五日）には冬用の木綿衣《もめんごろも》に衣がえする。

江湖《ごうこ》

江は揚子江、湖は洞庭湖をさすことから、全世界、全国をいう。転じて各地から来集した多数の雲水。

講座《こうざ》

師家が語録、公案などを説くこと。提唱ともいう。

交代《こうたい》

役位の交代をすること。安居ごとに役位がふりあてられる。

高単《こうたん》

単の順位が高いこと。禅堂では掛搭した順に単（坐る場所）が与えられるので、すなわち古参の修行者の意となる。→中単《なかたん》、末単《ばったん》

降誕会《ごうたんえ》
釈尊がお生まれになった日、四月八日に行なわれる法会《ほうえ》のこと。

香盤《こうばん》
坐禅する時間をはかるための線香を立てる香台のこと。直日がこの香盤を預かり管理するので、直日のことを香盤辺《こうばんへん》という。

香盤

合米《ごうまい》
檀信徒のお宅をまわり、米を集めること。＝集米

告報《こくほう》
役位よりの通達、または訓示。

己事究明《こじきゅうめい》
本来の自分を見つめるという一大事をきわめつくす。

古則《こそく》
仏祖の言葉、行ないで修行者の手本になる法則。

五体投地《ごたいとうち》
五体、すなわち両手両足および頭を地につけて仏を礼拝すること。

乞食行《こつじきぎょう》
托鉢《たくはつ》のこと。→托鉢

後門《ごもん》
禅堂の後入口のこと。二便往来《にべんおうらい》など個人的に出入りする場合は後門を用いる。

後門辺《ごもんへん》
侍者寮のこと。後門近くに坐るのでこのように呼ばれる。

勤行《ごんぎょう》
誦経《ずきょう》すること。

昏鐘《こんしょう》
日没を知らせる大鐘《だいしょう》。

【さ行】

菜器《さいき》
漬物を入れて供給する器。

斎座《さいざ》
昼食のこと。

坐具《ざぐ》
仏祖を礼拝するとき、これをのべて敷き、その上で五体投地の礼拝をする。平常は折りたたんで袈裟とともに身につける。

坐香《ざこう》
坐禅の時間をはかるのに用いる線香。

差定《さじょう》
諸行事の次第や配役をきめること。また、その掲示のこと。

生飯《さば》
食前に、少量の食をとって鬼界の衆生に施すこと。飯は七粒を、麵は一寸を過ぎずとし、饅頭《まんじゅう》または餅《もち》は手の爪位の大きさとする。右手の拇指と薬指とを用いて飯をとり、左掌の上で三巡して飯台の上に置いて供える。

生飯器《さばき》

飯台の上に置かれた生飯を取り集める器。

作務《さむ》

務めを作《な》すの意で、禅林における労働のことをいう。

作務

茶礼《されい》

儀礼として茶を飲むこと。朝夕二回の茶礼は点呼の意味もあり、この時に一日の行事や作務の割り振りが通達される。役位茶礼、衆評茶礼は会議の意味ももつ。

暫暇《ざんか》

やむを得ない所用のために休みをもらうこと。通常、師親の大事以外は許可されない。二夜三日を越すものを暫暇《ざんか》という。→二夜三日《にやさんにち》、弁事《べんじ》

参究《さんきゅう》

師の下に親しく参禅して一大事を究めること。

参禅《さんぜん》

師家の室に入って自己の見解《けんげ》を呈す

ること。入室参禅《にっしつさんぜん》ともいう。

参堂《さんどう》
庭詰《にわづめ》、旦過詰《たんがづめ》を済ませて僧堂に入ること。

三応《さんのう》
師家の日常一切のことを世話する係。＝隠侍《いんじ》

三応寮《さんのうりょう》
三応の詰める役寮。＝隠侍寮《いんじりょう》

三仏忌《さんぶっき》
釈尊の降誕会（お生まれになった日＝四月八日）、成道会（お悟りを開かれた日＝十二月八日）、涅槃会（亡くなられた日＝二月十五日）のこと。

三昧《ざんまい》
公案工夫が熟し、深く禅定に入って、心身一如の状態になること。

三黙堂《さんもくどう》
禅堂、食堂、浴室のこと。または、禅堂、浴室、東司《とうす》のことをいう。この三ヶ所では語話談笑することが固く誡められている。

侍衣《じえ》
衣鉢侍者《えはつじしゃ》のこと。師家の衣服、資具、金銭を司る役。転じて、一派の管長の秘書役のこと。

知客《しか》
僧堂に来る賓客《ひんきゃく》の応接にあたる役。また、僧堂全体を取り締まる役。

知客寮《しかりょう》
知客の詰める役寮。

直日《じきじつ》

直は当と同義で、一日の幹事に当たる役を直日といい、もともとは一日交代で居舎、器具の営繕、一切の作務を掌る役の意。転じて現在では、禅堂内での坐禅の指導監督をする総取り締まりの役をいう。

直日単《じきじったん》

直日側の単。後門から入って右側の単をいう。⇕単頭単《たんとうたん》

直指人心《じきしにんしん》 見性成仏《けんしょうじょうぶつ》

自己の心をまっすぐつかみ、自己の本性を徹見して悟ること。煩瑣《はんさ》な教学にとらわれないで、人間が本来持っている仏性を直ちに体得すること。

食堂《じきどう》

一般にいう食堂《しょくどう》のこと。

四九日《しくにち》

四と九のつく日。この日には剃髪をする。また開浴《かいよく》もこの日に行なわれる。

師家《しけ》

伝灯の正師に嗣法した人で、参禅者の指導の任に当たる人をいう。＝老師

侍香《じこう》

法式のときに住職に随侍して香合を持つ役。

師資相承《ししそうじょう》

師匠から弟子に法を伝えること。

侍者《じしゃ》

本来は住持の世話、補佐をする役で隠侍と同じ意に用いられる。転じて、僧堂では堂内で、聖僧《しょうそう》（文殊菩薩）のお世話、堂内茶礼《どうないざれい》の世話、また病僧の世話などをする係のことをいう。↓聖侍《しょうじ》

侍者寮《じしゃりょう》

侍者の詰める役寮。聖僧につかえる侍者のいる所。禅堂の世話役。

止静《しじょう》

坐禅のとき、大衆を寂静に止住せしめる時間。柝《たく》一声、引磬《いんきん》四声で止静に入るが、この間、身動きしてはならない。また、禅堂の出入りも一切許されない。

支度《したく》

出頭、食事などのために禅堂を出る準備をすること。このときいわゆる「支度」の合図が鳴らされる。

七堂伽藍《しちどうがらん》

仏殿、法堂《はっとう》、僧堂、庫裡《くり》、三門（山門）、浴室、東司《とうす》のこと。

室内《しつない》

師家が修行者に仏祖正伝の奥義を授ける伝法の場。

室内の事《しつないのじ》

仏法の極意、口訣《くけつ》のこと。

地取り《じどり》

制中の大接心の前に行なわれる一週間の普通接心。大接心に入る準備の目的で行なわれる。⇕練《ね》り返《かえ》し

持鉢《じはつ》　各自の所持する食器（椀）。正しくは応量器《おうりょうき》という。五枚一組で重ね合わせて収納できるようになっている。

嗣法《しほう》　師匠から仏法をうけつぐこと。

著語《じゃくご》　禅録の本則や頌などの句に、後世の禅僧によってつけ加えられた短評、コメントのこと。

叉手当胸《しゃしゅとうきょう》　左手を外側にして左右の掌を重ね、右手をもって胸を掩うようにする。手を胸からやや離して、ひじを水平に張る。

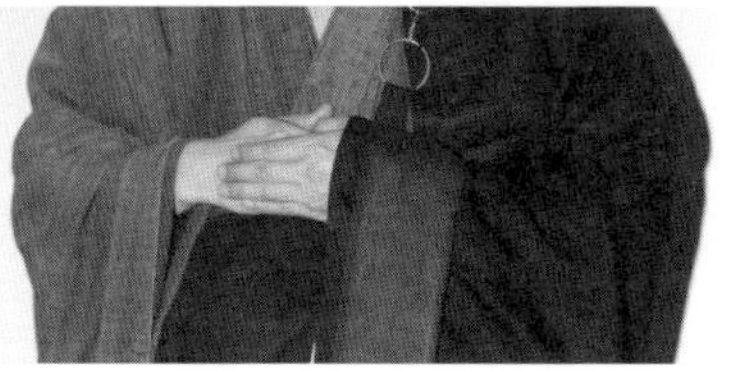
叉手当胸

謝労《じゃろう》　慰労のこと。

集米《しゅうまい》　檀信徒のお宅をまわり、米を集めること。＝合米《ごうまい》

汁器《じゅうき》　汁を入れて供給する器。

手巾《しゅきん》　雲水が衣の上から腰のあたりに締める綿入りの紐のこと。

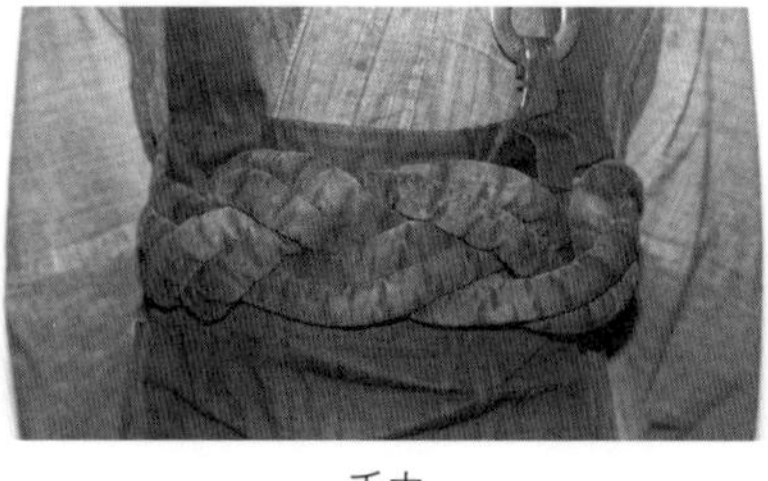
手巾

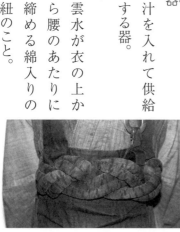

宿忌《しゅくき》
半斎《はんさい》前夜に行なわれる法要。逮夜。

粥座《しゅくざ》
朝食のこと。

祝聖《しゅくしん》
毎月一日と十五日に天皇の聖寿万安を祝祷すること。

受業寺《じゅごうじ》
師について出家者としての資格を得た寺のこと。

出頭《しゅっとう》
行事・儀式などで本堂に出席すること。

衆評《しゅうひょう》
僧堂の運営などについて役位が集まって打ち合わせをすること。

守夜《しゅや》
開枕時の夜回りのこと。守夜当番が守夜神の真言を唱え、大柝木《おおたく》を叩き火の用心と戸締まり点検のために堂外を一巡する。

巡警《じゅんけい》
巡堂警省《じゅんどうけいせい》のこと。坐禅の時、居眠りまたは懈怠《けたい》（不熱心）の僧を戒めるために、警策を持って禅堂内を巡回すること。

順槌《じゅんつい》（順つぎ）
食事のとき、飯、汁、湯などのおかわりをつぐこと。

初関《しょかん》
一番最初に与えられる公案のこと。

小憩《しょうけい》
ひと休み。

相見《しょうけん》
師家に面接すること。

照顧脚下《しょうこきゃっか》
脚下照顧とも。足もとに気を付けよ。日常の作法を規定どおりに正しく行なえの意。

聖侍《しょうじ》
禅堂に祀《まつ》られている聖僧《しょうそう》（文殊菩薩）の世話係。また堂内大衆の世話係。＝侍者《じしゃ》

常住《じょうじゅう》
坐禅専一の禅堂（堂内）に対して、庫裡にあって応接・会計・炊事等の運営面を処理する各寮をいう。⇕堂《どう》内《ない》

精進《しょうじん》
努め励むこと。

聖僧《しょうそう》
禅堂の中央にまつる像。通常、文殊菩薩を安置する。文殊は般若の智慧、さとりを象徴する。

上堂《じょうどう》
師家が法堂に上って修行者に説法すること。

成道会《じょうどうえ》
十二月八日、釈尊がお悟りを開かれた日に行なわれる儀式。

商量《しょうりょう》
商も量も「はかる」という意味で、協議する、くらべはかる意になる。

転じて師家と修行者との間で問答応酬して人生の一大事を明らめること。

助警《じょけい》
評席を補佐する役。狭義には堂内助警、すなわち直日を補佐する役。

書見《しょけん》
書物を読むこと。

除策《じょさく》
警策の使用が免除される休日のこと。通常、三仏忌、盆正月、祝日などに除策となる。

真威儀《しんいぎ》
僧侶の正式な服装。通常、白衣、白足袋、衣、七条袈裟を着用する。＝本威儀

請益《しんえき》
師の説法のほかに、特に願い出て師から教示を請うこと。

清規《しんぎ》
清僧のための規矩《きく》の略。禅堂で衆僧が守るべき規則のこと。

嚫金《しんきん》
布施。檀信徒から施されるお金のこと。

晋山《しんざん》
新しい住持が初めて寺院に入ること。

陞座《しんぞ》
師家が高座に上って説法すること。

新到《しんとう》
新しく僧堂に入門してきた僧。新米

のこと。＝新参《しんざん》　⇕久参《きゅうさん》

振鈴《しんれい》

起床の時刻を知らせるのに用いる鈴。

振鈴

垂誡《すいかい》

師家の訓示。

随喜《ずいき》

他人が功徳《くどく》を積むのを見て、我がことのように喜ぶこと。転じて、賛成、助力、尽力などの意に用いる。「随喜参加する」など。

随意坐《ずいざ》

堂内で直日《じきじつ》の指導によらず、随意に坐禅すること。

随意飯《ずいはん》

看頭、飯台看を立てない略式の飯台座（食事）のこと。⇕本飯《ほんぱん》

随意浴《ずいよく》

正式な作法によらずに開浴すること。⇕本浴

頭陀袋《ずだぶくろ》

本来は頭陀行（乞食）のとき物を入れるために首から下げる袋。現在は常より外出時に携行する。

誦経《ずきょう》

看経《かんきん》ともいう。経典を唱和すること。経の内容を理解することよりも、余

念をまじえず一心不乱に唱和することによって、心身一如をはかる。坐禅の助道、方便である。

制間《せいかん》
結制《けっせい》と結制との間の休みのこと。⇕制中《せいちゅう》

制中《せいちゅう》
安居《あんご》の期間をいう。今日では雨安《うあん》居《ご》、雪安居《せつあんご》の二期になっている。この期間外を制間という。⇕制間《せいかん》

施餓鬼会《せがきえ》
悪道に堕ちて飢餓に苦しんでいる衆生や餓鬼に食物を施す法会。＝水陸《すいりく》会《え》

雪安居《せつあんご》
→安居《あんご》

接心《せっしん》
摂心とも書く。心を内に摂《あつ》めて散乱させないこと。禅宗では一定の期間中、集中的に坐禅すること。普通、僧堂では接心は七日間とする。

折水器《せっすいき》
食事の残り物、残り水を棄てる器。正しくは持鉢を洗った残りの水を棄てる器をいい、半分を飲み、半分を棄てるために折水という。

先駆《せんく》
行事その他の際に、本隊より先に出発して、調査、準備を行なう役のこと。

禅堂《ぜんどう》
坐禅、睡眠を行なう道場。狭義の僧

堂と同じ意味。

洗鉢《せんぱつ》
食事が終わって鉢を洗うこと。

専門道場《せんもんどうじょう》
坐禅修行を専門に行なう場所。＝僧堂、叢林《そうりん》

総茶礼《そうざれい》
雲水が一堂に会して茶礼を行なうこと。

総参《そうさん》
接心中の参禅に独参《どくさん》と総参の二種あって、独参は見解《けんげ》があれば随意に入室《にっしつ》する。総参は見解の有無に関わらず義務的に入室せねばならない。
↓参禅　⇕独参《どくさん》

僧堂《そうどう》
禅門における修行の根本道場のこと。＝専門道場、叢林

叢林《そうりん》
僧堂のこと。樹と樹が叢《むら》がり、相い競って天に伸びんとするように、修行者が互いに切磋琢磨するところから、かくいう。禅林ともいう。＝専門道場、僧堂

尊宿《そんしゅく》
長老、高僧。

【た行】

大根鉢《だいこんはつ》
僧堂で漬物に用いる大根を托鉢して歩くこと。

大事了畢《たいじりょうひつ》
仏法の究極を明らめ、修行を成就すること。

大衆《だいしゅ》
禅堂にとどまって修行している僧たちのこと。

柝木《たく》
拍子木《ひょうしぎ》のこと。大小二種あって小《しょう》柝木《たく》は禅堂内あるいは飯台座で用いられ、大柝木《おおたく》は禅堂外で用いられる。例えば、大柝木は、薬石の用意ができた時、開浴の時、守夜の時などに使用される。

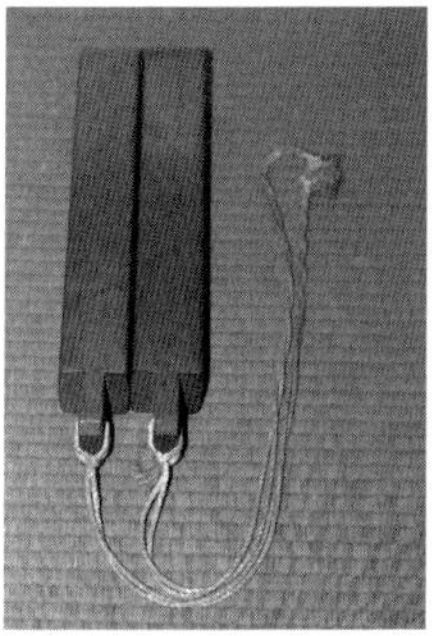
柝木

托鉢《たくはつ》
雲水が鉢を携えて、市中に食《じき》を乞うて歩く修行。現在は鉢ではなく、看板袋を首に下げて歩く。↓軒鉢《けんぱつ》・遠鉢《えんぱつ》

打坐《たざ》
坐ること。坐禅。

打出《たしゅつ》
すぐれた人物を育成して世に出すこと。

塔頭《たっちゅう》
本来は、禅院内に設けられた高僧の墓所のことをいう。のち転じて大本山などの大寺院内にある独立寺院のことを指す。

単《たん》

禅堂において各自が坐る座席のこと。単位ともいう。「坐って半畳、寝て一畳」といわれるように、畳一枚の場所が雲水の生活の場となる。

旦過詰《たんがづめ》

専門道場に入門を志願する僧は、すぐに玄関から上がることは許されず、三日間ほど、朝から晩まで大玄関の上がり口で低頭伏顔して入門を請わなければならない（庭詰《にわづめ》）。この庭詰を終わって初めて旦過寮《たんがりょう》に上がることを許されるが、ここでさらに五日間ほど、面壁坐禅して詰めなくてはならない。→庭詰

旦過寮《たんがりょう》

旦過詰をする部屋。本来、諸方遊歴の修行者が禅院に一夜投宿する部屋のこと。夕方に到着して、翌朝（旦）に去るのでこの名がある。

単頭《たんとう》

直日単《じきじつたん》に向かう単（単頭単）の上座に坐り、指導監督にあたる役。

単頭単《たんとうたん》

直日単に対し、単頭の座のある側の単。後門より入って左側の単。⇔直《じき》日単《じったん》

単票《たんぴょう》

禅堂内の自分の坐る単の上方にかけられた名札。

単蒲団《たんぶとん》
禅堂内で坐禅および夜具として用いる蒲団。柏餅のようにくるまって寝るところから「柏蒲団《かしわぶとん》」ともいう。

単蒲団

知殿《ちでん》
↓殿司《でんす》

抽解《ちゅうかい》
元来は衣、袈裟を抽解する（解く）意。転じて現在では坐禅（止静）と坐禅の間の短時間の休息時間を指す。

朝課《ちょうか》
朝の読経、諷経《ふぎん》のこと。⇔晩課《ばんか》

頂相《ちんそう》
禅僧の上半身や全身を描いた画像。古来、これに賛、法語を書いて弟子に嗣法《しほう》の証拠として与えた。

提唱《ていしょう》
禅宗の宗匠が、修行者に向かって、祖師の語録や古則中より宗要（宗旨）を提起し唱導すること。講座と同義であるが、より専門的な用語。

提撕《ていぜい》
提も撕もともに「ひっさげる」の意。師

提唱

家が修行者を指導し、誘引すること。また工夫参究するの意にも用いられる。

提灯《ていてん》
手さげあかり。ちょうちんのこと。

低頭《ていとう》
仏祖・師家に対して、頭を下げて礼拝すること。問訊《もんじん》するときには必ず低頭する。→問訊

貼案《てんあん》
儀式法要などのとき、来客用に出す特別の献立。

天井粥《てんじょうがゆ》
朝食に出される粥のこと。時として極端に薄く、水っぽく、天井が映るところからこの名がある。目玉粥ともいう。

点心《てんじん》
簡単な食事、またはその食物のこと。食事を心胸（腹）に点ずるの意。

殿司《でんす》
仏殿のことを司る役。また、時報を司る役。僧堂では、開静《かいじょう》の振鈴《しんれい》、朝課、またその他の法式を司る。

殿司寮《でんすりょう》
殿司の詰める役寮。

典座《てんぞ》
炊事を掌る役。

典座寮《てんぞりょう》
典座の詰める役寮。

展待《てんたい》
大接心の後や、休日などに、施主が

雲水に食事などを供養し、もてなすこと。

展鉢《てんぱつ》
食事のとき、布に包んだ持鉢《じはつ》をひろげること。

湯器《とうき》
お湯または茶を入れて供給する器。やかん。

同夏《どうげ》
同じ夏に入門した同寮同士のこと。

同参《どうさん》
一人の師家の下で、ともに学び修行する者同士。

役宿《とうしゅく》
行脚の僧が寺院に一夜の宿泊をすること。

東司《とうす》
厠《かわや》、便所のこと。七堂《しちどう》伽藍《がらん》の一つに数えられる。

堂内《どうない》
禅堂内のこと。また禅堂内において、専ら坐禅修行をする雲水のこと。⇔常住《じょうじゅう》

冬夜《とうや》
冬至の前夜のことで、冬至冬夜ともいう。臘八《ろうはつ》後のこの晩は、普段厳禁の薬水（酒）も許され、破天荒な「無礼講」が行なわれる慣わしである。

独参《どくさん》
公案に対する見解《けんげ》をもって単独で師家に面接すること。↓参禅《さんぜん》　⇔総参《そうさん》

得度《とくど》
出家すること。

【な行】

中単《なかたん》
修行年限の長い方から順に、高単《こうたん》、中単、末単《ばったん》という。→高単、末単

鳴《な》らしもの
僧堂での行動の一切は、殿鐘《でんしょう》、法鼓《ほっく》、引磬《いんきん》、板《はん》、柝木《たく》、振鈴《しんれい》などの音に随って行なわれる。それらの器具の総称。

入室参禅《にっしつさんぜん》（入室《にっしつ》）
修行者たちが一人ずつ師家の室に入り、師の指導鍛練をうけること。＝参禅

日単《にったん》
もと副司寮《ふうすりょう》が毎日の収支を点検、決算して住持に呈することをいう。転じて毎日の記録（日記）をつけることをいう。一日一度の収支決算を日単ともいった。

日天掃除《にってんそうじ》
毎日行なわれる寺院内外の清掃のこと。

二番座《にばんざ》
食事のとき、雲水衆のための供給などで食事できなかった者が、全員終了後にとる食事のこと。

二便往来《にべんおうらい》
二便（大小便）のために禅堂を出ること。抽解《ちゅうかい》中に許される。

二夜三日《にやさんにち》
新旧役寮の交代が終わって、旧常住員たちに与えられる慰労休暇のこと。二泊三日の外出が許される。↓暫暇《ざんか》、弁事《べんじ》

入制《にゅうせい》
安居《あんご》（学期）に入ること。

如法《にょほう》
定められた法規に合った形で動作すること。

庭詰《にわづめ》
修行者が僧堂に入門する時に、必ず通過しなければならない検問。庫裡《くり》の大玄関で終日低頭し、入門の願いを乞わなければならない。通常、二日から三日行なわれる。↓旦過詰《たんがづめ》

涅槃会《ねはんえ》
二月十五日、釈尊が亡くなられた日に行なわれる儀式。

庭詰

涅槃金《ねはんきん》
僧が行脚に出るとき、病気や不慮の死によって他人に迷惑をかけないため、予め袈裟文庫の中に入れておく若干の金銭。葬式をするための金。

練《ね》り返《かえ》し
制中の大接心の後に行なわれる一週間の平常接心のこと。大接心中の不備を補う目的で行なわれる。⇕地取《じど》り

拈提《ねんてい》
古則公案を提起して修行者に示すこと。またそれを工夫参究すること。

【は行】

拝敷《はいしき》
住職が礼拝を行なうときに用いるござ状の敷物のこと。

拝請《はいしょう》
礼拝懇請《らいはいこんせい》の略。師家や長上の僧を迎えること。

梅湯《ばいとう》
梅干しを煮出して、甘味を加えた飲みもの。

梅湯茶礼《ばいとうざれい》
朝の一番、朝課、堂内諷経《どうないふぎん》の終わった後、堂内で行なわれる茶礼。

把住《はじゅう》
ひっつかまえて、ぴたりとおさえこむこと。師家が修行者を指導する手段の一つ。転じて、僧堂の経理における「収入」のこともいう。⇕放行《ほうぎょう》

把針灸治《はしんきゅうじ》
衣服の繕《つくろ》いをしたり、身体の治療を行なったりすること。転じて接心の始まる前日に与えられる身心整備の

日のこと。

跋陀婆羅菩薩《ばっだばらぼさつ》

入浴せんとして悟りを開いたといわれる菩薩。そのため禅寺では浴室に祀《まつ》られている。

末単《ばったん》

単の一番下座の方。すなわち、そこに坐る新参のことをいう。↓高単《こうたん》、中単《なかたん》

法堂《はっとう》

七堂伽藍《しちどうがらん》の一つ。住持が仏にかわって説法する場所。一般の禅寺での本堂に当たる。

板《はん》

禅堂の前門脇に下げられ、日に数度、時を知らせるために打たれる木製の板。↓開板

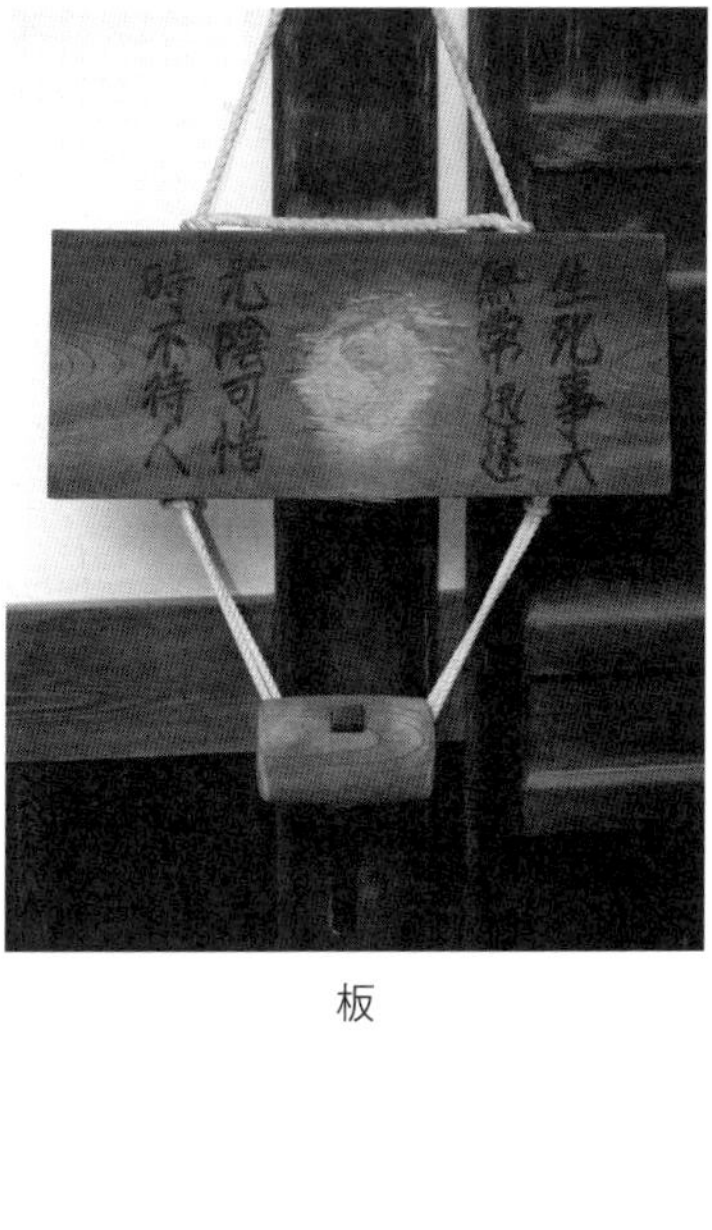

板

半跏趺坐《はんかふざ》

半跏ともいう。坐禅法の一。↓結跏《けっか》趺坐《ふざ》

晩課《ばんか》

夕刻の読経、諷経《ふぎん》のこと。⇕朝課《ちょうか》

飯器《はんき》

米飯を入れて供給する器。おひつの

こと。

半夏《はんげ》
夏安居《げあんご》の中間の時期のこと。通常、六月十五日から始まる一週間の大接心を「半夏の大接心」という。

半斎《はんさい》
粥座と斎座の半ばの時刻をいい、その時刻に行なう法要のことをいう。

飯台《はんだい》
食事に用いる台。

飯台看《はんだいかん》
食事の給仕当

右から、飯器・汁器・菜器・湯器・折水器と生飯器

番。

引手《ひきて》
托鉢などのときの引率者。

評席《ひょうせき》
長年の修行を積んだ古参の修行者をいう。またこの中から、知客《しか》、副司《ふうす》、直日《じきじつ》、聖侍《しょうじ》の役が選ばれるので役位とも同義に用いられる。

病僧寮《びょうそうりょう》
↓延寿堂《えんじゅどう》

賓接《ひんせつ》
接客案内係。参拝客に堂内などを誘導案内する。

兄弟《ひんでい》
同一の師家の下で修行した、仏法の上の兄弟のこと。

副司《ふうす》
元来、住職を補佐する役職（＝副寺《ふうす》）。僧堂では、会計を司る役職も指す。現在は、知客《しか》が副司を兼ねることが多い。

副司寮《ふうすりょう》
副司が詰める役寮。

普請《ふしん》
衆僧がそろって勤労すること。

副随《ふずい》
庶務係。作務、集米の予定や割り振り、接待、貼案《てんあん》などを行なう。

副随寮《ふずいりょう》
副随が詰める役寮。

仏性《ぶっしょう》
生命あるものが生まれながらにして持っている仏としての本性。

仏餉《ぶっしょう》
仏前に供える米飯。仏飯。

不立文字《ふりゅうもんじ》　教外別伝《きょうげべつでん》
文字、言説を立てず、文字言説による教説にとらわれずに、心から心に（以心伝心）仏祖の悟りを伝える。

分散《ぶんさん》
一会終了して修行者一同が分かれ去ること。

分衛《ぶんねい》
托鉢のこと。↓托鉢

弁事《べんじ》
私用で外出を許されること。通常、二夜三日以内をいう。↓暫暇《ざんか》、二夜《にや》三日《さんにち》

棒喝《ぼうかつ》

師家が修行者を導くのに用いる手段・方法のこと。古来「徳山の棒、臨済の喝」といわれるのに基づく。

放行《ほうぎょう》

師家が修行者を指導する手段の一つ。一切を許し与えて、自由に任すこと。転じて、僧堂内の経理における「支出」のこともいう。⇕把住《はじゅう》

飽参《ほうさん》

充分に会得すること。悟りを開いて参ずる必要のなくなること。

放参日《ほうさんび》

入室参禅のない日のこと。

方丈《ほうじょう》

維摩《ゆいま》居士《こじ》が一丈四方の部屋に住んでいたという故事から転じて、寺院の住職の居室をいう。さらに転じて寺の本堂を指す。また、住職のこともいう。

法臘《ほうろう》

出家得度してからの年数。

菩提《ぼだい》

さとり。さとりの智慧。さとりの境地。また俗に冥福の意にも用いる。

法鼓《ほっく》

法要、提唱などの出頭の合図として用いられる太鼓。

法鼓

法戦《ほっせん》
師家と修行者が問答するさまを、戦いになぞらえてかくいう。

本飯《ほんぱん》
正式の食事作法による食事のこと。＝正飯《せいはん》　⇔随意飯《ずいはん》

本浴《ほんよく》
正式な作法にしたがって風呂に入ること。⇔随意浴《ずいよく》

【ま行】

三具足《みつぐそく》
仏前に配置される、香炉・花瓶・燭台の三種類をいう。花瓶・燭台が各一対と香炉一口の五つを五具足《ごぐそく》という。

無字《むじ》
「狗子《くす》に仏性《ぶっしょう》有《あ》りや、也《ま》た無《な》しや」の問いに対する趙州和尚の「無」という答えのこと。いわゆる「無字の公案」として、入門時最初に与えられる公案。

木板《もくはん》
板《はん》のこと。→開板《かいはん》

帽子《もうす》
僧が法式のときに着用する帽子のこと。観音帽子など。

黙照禅《もくしょうぜん》
曹洞系の只管打坐《しかんたざ》の禅風を称してかくいう。

文殊菩薩《もんじゅぼさつ》
禅堂内に祀《まつ》られる。通常、聖僧《しょうそう》とい

う。

問訊《もんじん》

掌を合わせ、体を曲げて低頭《ていとう》し礼拝することと。↓低頭

問訊

門送《もんそう》

禅門での送迎の礼式のひとつ。客を門の外まで出て見送ること。

【や行】

薬石《やくせき》

薬はくすり。石は石で作った針のこと。転じて薬剤の総称、あるいは病気の治療をいう。仏門では、正午を過ぎてから食事をとることを許さなかったので、修行者の飢えを癒して修行を成就させるための薬として夕食をとった。したがって禅門では夕食のことを薬石という。

野狐禅《やこぜん》

真の悟境に達していないのに自ら得法の禅者のようにふるまうエセ禅のことをいう。

夜坐《やざ》

開枕《かいちん》後、ひそかに禅堂を出て、樹《じゅ》下《げ》、石上《せきじょう》等で自発的に坐禅するこ

と。

浴頭《よくじゅう》　開浴の準備をする浴室の当番。

【ら行】

羅漢《らかん》　→阿羅漢《あらかん》

絡子《らくす》　両肩をとおして胸に掛ける小型の袈裟。掛絡《から》ともいう。

龍象《りゅうぞう》　すぐれた力量の修行者のこと。

隣単《りんたん》　隣の単に坐る修行者のこと。

老師《ろうし》　師家に対する尊称。親しく教えを受けた者は、老漢と呼ぶこともある。

臘八《ろうはつ》　臘は臘月《ろうげつ》（十二月）、すなわち十二月八日、釈尊成道の日のこと。また、十二月一日から八日まで行なわれる臘八大接心の略称。

炉鞴《ろはい》　鍛冶に用いるふいごのこと。転じて禅門では師家が弟子を鍛練する道場のことをいう。

【わ行】

話頭《わとう》　古則、公案のこと。

椀頭《わんず》　食器の出し入れを管理する係。

坐禅会情報は「臨済宗黄檗宗公式サイト　臨黄ネット」で。

www.rinnou.net

また、曹洞宗の坐禅会情報は「曹洞禅ネット」で。

www.sotozen-net.or.jp

坐禅会常用経典

摩訶《まか》般若《はんにゃ》波羅蜜多《はらみた》心経《しんぎょう》（般若心経）

観自在菩薩《かんじーざいぼーさー》、行深般若波羅蜜多時《ぎょうじんはんにゃーはーらーみーたーじー》、照見五蘊皆空《しょうけんごーおんかいくう》、度一切《どーいっさい》苦厄《くーやく》。舎利子《しゃーりーしー》、色不異空《しきふーいーくう》、空不異色《くうふーいーしき》、色即是空《しきそくぜーくう》、空即是色《くうそくぜーしき》、受想行識《じゅーそうぎょうしき》、亦復如是《やくぶーにょーぜー》。舎利子《しゃーりーしー》、是諸法空相《ぜーしょーほうくうそう》、不生不滅《ふーしょうふーめつ》、不垢不浄《ふーくーふーじょう》、不増不減《ふーぞうふーげん》。是故空中《ぜーこーくうちゅう》、無色無受想行識《むーしきむーじゅーそうぎょうしき》、無眼耳《むーげんにー》

鼻舌身意《びーぜっしんにー》、無色声香味触法《むーしきしょうこうみーそくほう》、無眼界《むーげんかい》、乃至無意識界《ないしーむーいーしきかい》、無無《むーむー》
明《みょう》亦無無明尽《やくむーむーみょうじん》、乃至無老死《ないしーむーろうしー》、亦無老死尽《やくむーろうしーじん》、無苦集滅道《むーくーしゅうめつどう》、
無智亦無得《むーちーやくむーとく》、以無所得故《いーむーしょーとくこー》。菩提薩埵《ぼーだいさったー》、依般若波羅蜜多故《えーはんにゃーはらーみーたーこー》、
心無罣礙《しんむーけーげー》。無罣礙故《むーけーげーこー》、無有恐怖《むーうーくーふー》、遠離一切顛倒夢想《おんりーいっさいてんどうむーそう》、究竟《くーぎょう》
涅槃《ねーはん》。三世諸仏《さんぜーしょーぶつ》、依般若波羅蜜多故《えーはんにゃはーらーみーたーこー》、得阿耨多羅三藐三菩《とくあーのくたーらーさんみゃくさんぼー》
提《だい》。故知般若波羅蜜多《こーちーはんにゃはーらーみーたー》、是大神呪《ぜーだいじんしゅー》、是大明呪《ぜーだいみょうしゅー》、是無上呪《ぜーむーじょうしゅー》、
是無等等呪《ぜーむーとうどうしゅー》、能除一切苦《のうじょーいっさいくー》、真実不虚《しんじつふーこー》。故説般若波羅蜜多呪《こーせつはんにゃはーらーみーたーしゅー》。
即説呪曰《そくせつしゅーわつ》、羯諦《ぎゃーてー》、羯諦《ぎゃーてー》、波羅羯諦《はーらーぎゃーてー》、波羅僧羯諦《はらそうぎゃーてー》、菩提薩《ぼーじーそ》
婆訶《わかー》、般若心経《はんにゃーしんぎょう》。

白隠禅師坐禅和讃《はくいんぜんじざぜんわさん》（合掌して唱える）

衆生《しゅじょう》本来《ほんらい》仏《ほとけ》なり　水《みず》と氷《こおり》の如《ごと》くにて
水《みず》を離《はな》れて氷《こおり》なく　衆生《しゅじょう》の外《ほか》に仏《ほとけ》なし
衆生《しゅじょう》近《ちか》きを知《し》らずして　遠《とお》く求《もと》むるはかなさよ
譬《たと》えば水《みず》の中《なか》に居《い》て　渇《かつ》と叫《さけ》ぶが如《ごと》くなり
長者《ちょうじゃ》の家《いえ》の子《こ》となりて　貧里《ひんり》に迷《まよ》うに異《こと》ならず
六趣輪廻《ろくしゅりんね》の因縁《いんねん》は　己《おのれ》が愚痴《ぐち》の闇路《やみじ》なり
闇路《やみじ》に闇路《やみじ》を踏《ふみ》そえて　いつか生死《しょうじ》を離《はな》るべき
夫《そ》れ摩訶衍《まかえん》の禅定《ぜんじょう》は　称歎《しょうたん》するに余《あま》りあり

布施《ふせ》や持戒《じかい》の諸波羅蜜《しょはらみつ》
其《そ》の品多《しなおお》き諸善行《しょぜんぎょう》
一座《いちざ》の功《こう》をなす人《ひと》も
悪趣《あくしゅ》いずくに有《あり》ぬべき
辱《かたじけ》なくも此《こ》の法《のり》を
讃歎随喜《さんだんずいき》する人《ひと》は
いわんや自《みずか》ら回向《えこう》して
自性即《じしょうすなわ》ち無性《むしょう》にて
因果一如《いんがいちにょ》の門《もん》ひらけ
無相《むそう》の相《そう》を相《そう》として

念仏懺悔修行等《ねんぶつさんげしゅぎょうとう》
皆《みな》この中《うち》に帰《き》するなり
積《つ》みし無量《むりょう》の罪《つみ》ほろぶ
浄土即《じょうどすなわ》ち遠《とお》からず
一《ひと》たび耳《みみ》にふるる時《とき》
福《ふく》を得《う》ること限《かぎ》りなし
直《じき》に自性《じしょう》を証《しょう》すれば
すでに戯論《けろん》を離《はな》れたり
無二無三《むにむさん》の道直《みちなお》し
行《ゆ》くも帰《かえ》るも余所《よそ》ならず

無念《むねん》の念《ねん》を念《ねん》として　うたうも舞《ま》うも法《のり》の声《こえ》
三昧《さんまい》無礙《むげ》の空《そら》ひろく　四智円明《しちえんみょう》の月《つき》さえん
此《こ》の時《とき》何《なに》をか求《もと》むべき　寂滅現前《じゃくめつげんぜん》する故《ゆえ》に
当処《とうしょ》即《すなわ》ち蓮華国《れんげこく》　此《こ》の身《み》即《すなわ》ち仏《ほとけ》なり

四弘誓願文《しぐせいがんもん》

衆生無辺誓願度《しゅじょうむへんせいがんどー》　煩悩無尽誓願断《ぼんのうむじんせいがんだん》
法門無量誓願学《ほうもんむりょうせいがんがく》　仏道無上誓願成《ぶつどうむじょうせいがんじょう》

十仏名《じゅうぶつみょう》（食事の前に誦む）

清浄法身毘盧舎那仏《しんじんぱーしんびーるーしゃーのーふ》

千百億化身釈迦牟尼仏《せんぱいきゃーしんしーきゃーむーにーふ》

十方三世一切諸仏《じーほうさんしーいーしーしーぶ》

大行普賢菩薩《だいあんふーえんぶーさ》

諸尊菩薩摩訶薩《しーそんぶーさーもーこーさ》

円満報身盧舎那仏《えんもんほうしんるーしゃーのーふ》

当来下生弥勒尊仏《とうらいあーさんみーりーそんぶ》

大聖文殊師利菩薩《だいしんぶんじーすーりーぶーさ》

大悲観世音菩薩《だいひーかんしーいんぶーさ》

摩訶般若波羅蜜《もーこーほーじゃーほーろーみ》

喫粥偈《きっしゅくげ》（朝食時、前の十仏名に続けて「粥有十利……」から誦む）

粥有十利《しゅうゆうじゅうりー》　饒益行人《にょういーあんじん》　果報無辺《こほうぶへん》　究竟常楽《きゅうきんじょうらー》

喫斎偈《きっさいげ》（昼食時、前の十仏名に続けて「三徳六味……」から誦む）

三徳六味《さんてーるーみー》　施仏及僧《しーぶーきゅうずん》　法界有情《はかいゆうじん》　普同供養《ふずんきゅんにょう》

生飯偈《さばげ》（生飯をとるときに「汝等鬼神衆……」から誦む）

汝等鬼神衆《じてんきじんしゅう》　我今施汝供《ごきんすじきゅう》　此食遍十方《すじへんじほう》　一切鬼神共《いしいきじんきゅう》

五観文《ごかんもん》（前の生飯偈に続けて「一つには……」から誦む）

一《ひと》つには功《こう》の多少《たしょう》を計《はか》り彼《か》の来処《らいしょ》を量《はか》る

二《ふた》つには己《おのれ》が徳行《とくぎょう》の全闕《ぜんけつ(と)》を忖《はか》って供《く》に応《おう》ず

三《み》つには心《しん》を防《ふせ》ぎ過貪等《とがとんとう》を離《はな》るるを宗《しゅう》とす

四《よ》つには正《まさ》に良薬《りょうやく》を事《こと》とするは形枯《ぎょうこ》を療《りょう》ぜんが為《ため》なり

五《いっ》つには道業《どうぎょう》を成《じょう》ぜんが為《た》めに応《まさ》に此《こ》の食《じき》を受《う》くべし

三《さん》匙《し》偈《げ》（前の五観文に続けて「一口為断一切悪……」から誦む）

一口《いっく》為《い》断《だん》一切《いっさい》悪《あく》　二《に》口《く》為《い》修《しゅ》一切《いっさい》善《ぜん》
三《さん》口《く》為《い》度《ど》諸《しょ》衆生《しゅじょう》　皆《かい》共《ぐ》成《じょう》仏道《ぶつどう》

折水偈《せっすいげ》（持鉢を洗うときに誦む）

我《が》此《し》洗鉢水《せんぱーすい》　如《にょ》天《てん》甘露《かんろ》味《み》　施《せ》与《よ》鬼神《きじん》衆《しゅう》
悉《しつ》令《りょう》得《とく》飽満《ぼうまん》　唵《おん》摩《ま》休《く》羅《ら》細《さい》娑《そ》婆訶《わかー》

粥《しゅく》畢《ひっ》偈《げ》（粥座の後に誦む）

若《にゃっ》喫《き》粥《しゅく》已《い》　当《とう》願《がん》衆《しゅ》生《じょう》　所《しょ》作《さ》皆《かい》辨《べん》　具《ぐ》諸《しょ》仏《ぶっ》法《ぽう》

食《じき》畢《ひっ》偈《げ》（斎座の後に誦む）

飯《ぼん》食《じき》訖《こっ》已《ち》色《しき》力《りき》充《じゅう》　威《い》震《しん》十《じっ》方《ぽう》三《さん》世《ぜ》雄《ゆう》

廻《え》因《いん》転《てん》果《か》不《ふ》在《ざい》念《ねん》　一《いっ》切《さい》衆《しゅ》生《じょう》獲《ぎゃく》神《じん》通《づう》

新　坐禅のすすめ

令和３年11月19日　初版第１刷発行
令和５年４月８日　初版第２刷発行

禅文化研究所 編

発　行　公益財団法人 禅文化研究所
〒604-8456　京都市中京区西ノ京壺ノ内町 8-1
花園大学内
TEL 075-811-5189　info@zenbunka.or.jp
https://www.zenbunka.or.jp

印　刷　（株）耕文社

ISBN978-4-88182-328-6 C0015